E
H

Heiner Müller

›Germania Tod in Berlin‹
›Der Auftrag‹

mit Materialien

Ausgewählt und eingeleitet
von Roland Clauß

Ernst Klett Verlag
Stuttgart Düsseldorf Leipzig

[ ] Vom Bearbeiter eingesetzte Titel im Materialienteil ab
    Seite 76.

›Germania Tod in Berlin‹, Seite 3
›Der Auftrag‹, Seite 49

1. Auflage   1 ⁹ ⁸ ⁷ ⁶ | 2004 03 02

Alle Drucke dieser Auflage können im Unterricht nebeneinander verwen-
det werden, sie sind untereinander unverändert. Die letzte Zahl bezeichnet
das Jahr dieses Druckes.
© für ›Germania Tod in Berlin‹ by Rotbuch Verlag, Berlin 1977, © für ›Der
Auftrag‹ by Henschel Verlag GmbH, Berlin 1981.
Lizenzausgabe mit freundlicher Genehmigung der beiden Verlage.
Der Abdruck folgt – auch hinsichtlich Rechtschreibung und Zeichenset-
zung – den Ausgaben: Heiner Müller: Germania Tod in Berlin. Texte 5.
Rotbuch Verlag, Berlin 1977, S. 37–78. Heiner Müller: Der Auftrag · Der
Bau · Herakles 5 · ... Henschel Verlag GmbH, Berlin 1981, S. 8–37.
Materialien: © Ernst Klett Verlag GmbH, Stuttgart 1983.
Alle Rechte vorbehalten.
Internetadresse: http://www.klett-verlag.de
Umschlag: Zembsch' Werkstatt, München.
Fotosatz: Setzerei Lihs, Ludwigsburg.
Druck: Ludwig Auer GmbH, Donauwörth.
ISBN 3-12-351710-1

Germania Tod in Berlin

Die Straße 1

Berlin 1918
MANN: Das war der Krieg. Den Arm hat er behalten.
FRAU: Du bist heraus, Mann. Alles ist beim alten.   5
  Kinder, s gibt Brot, der Vater ist zurück.
MANN: Wenn uns das Brot gehört und die Fabrik.
  Ab. Dunkel.
STIMME: DAS IST DER GENERALSTREIK
KINDER: Bäcker!   10
  In seiner Ladentür erscheint überlebensgroß der Bäcker.
KINDER: Brot.
BÄCKER:
  Mein Brot wächst nicht vom Himmel. Habt ihr Geld?
  Kein Geld kein Hunger. Ist es meine Welt?   15
  Fernes Schießen.
STIMME: DAS IST DIE REVOLUTION
  Der Bäcker schließt sehr schnell seinen Laden.
KINDER: He. Bäcker.
  Sie »schießen«.   Tot!   20
  *Laufen in die Richtung, in der geschossen wird. Auftritt
  der Schilderverteiler, ebenfalls überlebensgroß, mit Schil-
  dern.*
  Auf den Schildern steht NIEDER MIT SPARTAKUS.
SCHILD: Was da gebraut wird, ist nicht euer Bier.   25
  Ein Mann ein Groschen. Vier mal eins macht vier
  Wenn ihr mein Schild durch eure Straße tragt.
  Es ist für Deutschland, wenn euch einer fragt.
KIND 1: Ich geh nicht mit, mein Vater ist dabei.
SCHILD: Nummer eins ist satt. Vier weniger eins macht   30
  drei.
  Er steckt einen Groschen weg.
KIND 1: Mein Hunger ists der mitgeht, ich bins nicht.
SCHILD: Der oder du. Hat er nur dein Gesicht.
  Kinder demonstrieren mit den Schildern. Schießen aus.   35

ANDRE STIMME:
RUHE UND ORDNUNG. WIEDERHERGESTELLT.
Licht. Der Bäcker macht seinen Laden wieder auf. Die
Kinder treten zum Schilderverteiler und halten die Hände
5   *auf.*
SCHILD: Was wollt ihr.
KINDER: Den Groschen.
SCHILD: Was kriegt der Hund, wenn er bellt.
Lacht. In seiner Ladentür steht der Bäcker und stimmt in
10   *das Lachen ein. Lachen weiter nach dem Vorhang.*

Die Straße 2

Berlin 1949
LAUTSPRECHER:
ES LEBE DIE DEUTSCHE DEMOKRATISCHE REPUBLIK
15   DER ERSTE ARBEITERUNDBAUERNSTAAT AUF DEUT-
SCHEM BODEN
Beifall aus dem Lautsprecher.
MANN: Der Russenstaat.
ANDRER *schlägt ihn nieder*: Merk dir den Tag.
20 MANN *steht auf, blutig*:   Und du.
Taumelt weg.
Es gibt noch Bäume, Äste dran, in Deutschland.
Wir sehn uns wieder, Russe, wenn du hängst.
STIMMEN: Haltet den Hetzer.
25   Halt ihn.
                                  Wo?
                                        Da.
                                              Weg.

ALTER *mit Kind auf dem Rücken*:
30   Hier haben wir Berlin, der Kaiserhure
Die Fetzen vom Kartoffelbauch gerissen
Den Preußenflitter von der leeren Brust.
Die Kaiserhure war Proletenbraut
Für eine Nacht, nackt im Novemberschnee
35   Von Hunger aufgeschwemmt, vom Generalstreik
Gerüttelt, mit Proletenblut gewaschen.
Wir standen wieder hier im Januar drauf

4

Der Nebel stieg, die Hand fror am Gewehr
Der Schnee fiel sieben Stunden ohne Aufhörn.
Die Bonzen saßen warm im Schloß, berieten.
Wir warteten im Schnee, der weiß wie nie kam
Von keinem Rauch aus keinem Schlot geschwärzt.   5
Wir wurden weniger. In der achten Stunde
Schmiß der und jener sein Gewehr weg, ging.
Im Schloß die Bonzen ritten auf den Stühlen
Und stimmten Karl und Rosa an die Wand.
Wir schlugen die Gewehre an den Bordstein   10
Krochen zurück in unsre Mauerlöcher
Und rollten unsern Himmel wieder ein.
Der Präsident. Ein Arbeiter wie wir.
STIMME 1: Ein Arbeiter wie wir. Wo ist mein Schloß.
STIMME 2: Die kennen ihre eigne Mutter nicht mehr.   15
EINARM: Viel laßt ihr euch gefalln.
MANN 1:   Und nicht von jedem.
   Pause.
EINARM: Seid ihr noch Deutsche?
MANN 2:   Hast du einen Arm   20
   Zu viel?
   Pause.
EINARM: Smolensk, Kamerad. Das nächste Mal besser.
   Pause.
MANN 3: Es ist der Kopf. Der hat einen Kopf zu viel.   25
MANN 2: Komischer Vogel.
MANN 2:   Der sucht einen Käfig.
MANN 3: Glück muß man haben. Vogel, du hast Glück.
   Da geht ein Käfig, der sucht einen Vogel.
   Einarm ab. Staubmantel.   30
STAUBMANTEL:
   Wo ist er hin.
MANN 1:   Wer.
MANN 2:   War hier jemand?
MANN 3:   Niemand.   35
   Staubmantel ab. Windjacken auf Fahrrädern.
WINDJACKE 1:
   Das macht sich breit. Fußgänger. Gibts was ohne?
MANN: Staatsfeiertag, Sohn. Hast du was dagegen?

5

WINDJACKE 1:
  Was für ein Staat.
MANN 2:   Nicht deiner.
WINDJACKE 2:   Merkst du was
5 Von einem Staat hier?
    Reißt eine Fahne ab und tanzt darauf. Zwei Staubmäntel.
MANN: Die sind blau.
  STAUBMÄNTEL *reißen den Windjacken die Windjacken auf.*
    Flugblätter fallen heraus: Davon.
10 *Führen die Windjacken ab. Zwei Herren mit Koffern.*
HERR 1: Hören Sie das Gras wachsen? Das ist die Steppe.
    Die Steppe kommt. Das kitzelt die Fußsohlen. Sehn Sie
    meine Schuhe: grün. Schnell, eh das Gras uns einholt.
    Vorbei. Drei Huren. Ein Zuhälter.
15 ZUHÄLTER: Die Straße voll Kunden. Warum arbeitet ihr
    nicht.
HURE 1: Staatsfeiertag, Süßer.
ZUHÄLTER: Gefickt wird unter jeder Regierung.
HURE 2: Bei mir nicht mehr lange. Vorm Frühjahr spring
20 ich ab.
ZUHÄLTER *will sie schlagen.*
HURE 1: Polente.
    Zuhälter ab. Die Huren lachen.
HURE 1: Den Dicken nehm ich noch aus. Eine Strumpf-
25 fabrik in Sachsen. Lange macht er nicht mehr, hat schon
    dreimal die Volkskontrolle gehabt. Die Gemahlin wird
    auch renitent. Einen Nerz will ich noch herausschlagen.
HURE 3 *höhnisch*: Den will ich sehn.
HURE 1: Der Blonde vom Revier hat mir gesagt, er muß
30 mich heiraten, wenn ich nicht bald von der Straße bin,
    damit er mich aus dem Bericht hat.
    Singt: ES WAR EINMAL EIN TREUER HUSAR
HURE 3: Heiraten. Einen Bullen.
HURE 1: Der Blonde gefällt mir.
35 HURE 3: Das ist das letzte.
    Spuckt aus.
HURE 1: Du hast es nötig, auf dem Strich seit 71.
HURE 3: Aas.
HURE 1: Nach dir.

Prügeln sich. Polizist.
POLIZIST: Streit, meine Damen?
HURE 3: Keine Spur, Herr Kommissar.
HURE 1: Sie müssen uns verwechselt haben.
HURE 2: Sinds die Augen, geh zu ANSORG.   5
  Polizist ab.
HURE 3: Die sind überall. Ich geh zum Kudamm.
HURE 1: Die warten auf dich, du Skelett.
HURE 3: Die Fresse zerkratz ich dir.
  Ein Polizist geht vorbei. Hure 3 und 2 gehn.   10
HURE 2: Gehst du nicht mit.
HURE 1: Ich bleib. Mir gefällts hier.
  Hure 3 und 2 ab. Ein Betrunkener.
BETRUNKENER *singt*: WALDESLUST WALDESLUST
  He, Puppe!   15
JUNGER MANN: Laß die Frau los.
BETRUNKENER *torkelt weiter*: O WIE EINSAM SCHLÄGT DIE
  BRUST
JUNGER MANN: Gehn wir zusammen?
HURE 1: Heute ist Feiertag. Heute geh ich allein.   20

Brandenburgisches Konzert 1

Manege. Zwei Clowns.
CLOWN 1: Ich bin der König von Preußen. Ich habe mir ein
  Schloß gebaut in dieser schönen Gegend, weil sie mir
  gefällt und damit ich meinem Volk besser dienen kann,   25
  denn ich habe Hämorrhoiden und das Rheuma von den
  Kriegen, die ich führen mußte in Schlesien, Böhmen und
  Sachsen für die Ehre Preußens und die sehr berühmt sind.
CLOWN 2: Ich will auch König von Preußen sein.
CLOWN 1: Du bist der Müller von Potsdam.   30
CLOWN 2: Habe ich auch Hämorrhoiden.
CLOWN 1 *groß*: Hast du meine Schlachten geschlagen.
CLOWN 2 *eingeschüchtert*.
CLOWN 1: Deine Mühle steht neben meinem Schloß. Sie
  klappert den ganzen Tag. Da stört sie mich natürlich   35
  beim Regieren. Und beim Flötespielen, das ich sehr
  liebe und in dem ich ein Meister bin.

7

CLOWN 2: Mich stört sie nicht. Ich kann auch Flöte spielen. *Greift sich an die Hose.*

CLOWN 1: Ich spiele nur ernste Musik. Ich kann mir natürlich in einer andern Gegend ein andres Schloß bauen. Schließlich bin ich der König von Preußen. Ich brauche zum Beispiel nur England zu erobern, was für mich eine Kleinigkeit wäre, wie du zugeben wirst, und ich kann mein Schloß in England bauen. Aber ich will es hier, in meinem lieben Preußen, in dieser Gegend, die mir so sehr gefällt.

CLOWN 2: Das ist meine Mühle. Ich lasse mir meine Mühle nicht wegnehmen. Wenn ich meine Mühle nicht behalten darf, spiele ich nicht mit.

CLOWN 1: Das ist gut. Ich habe mich nämlich entschlossen, gewissen Gerüchten entgegenzutreten, die meine Feinde über mich verbreitet haben, weil mein Ruhm sie nicht schlafen läßt, indem ich der Welt ein Beispiel gebe, denn ich spreche französisch und bin sehr aufgeklärt.

CLOWN 2 *schlau*: Wie kommt das Kind in den Bauch. Das ist einfach. Aber wie kommt es nicht in den Bauch.

CLOWN 1: Das ist eine philosophische Frage. Dafür habe ich jetzt keine Zeit. Ich bin der erste Diener meines Staates.

CLOWN 2 *läßt die Hosen herunter*: Mein Staat ist größer als deiner. Machst du es mit der rechten oder mit der linken Hand.

CLOWN 1: Das geht dich gar nichts an. Zieh deine Hose wieder hoch, oder ich rufe den Sprechstallmeister.

CLOWN 2 *greift sich erschrocken an den Hintern und zieht schnell die Hose wieder hoch.*

CLOWN 1: In der Politik verstehe ich keinen Spaß. Ich bin der erste Diener meines Staates.

CLOWN 2 *lacht und hält sich erschrocken die Hand vor den Mund.*

CLOWN 1: Darum, wenn es mir auch das Herz bricht, und es wird mir das Herz brechen, ich weiß es bestimmt, werde ich zu dir gehen, der König von Preußen zu dem Müller von Potsdam, und dir den Befehl geben, daß du deine Mühle anderswo aufstellen sollst, weil sie mich beim Regieren stört und beim Flötespielen. Aber du wirst dich nicht einschüchtern lassen, sondern mir entgegentreten als ein deutscher Mann und mir ins Gesicht sagen, daß du einen Gewerbeschein hast und eine Baugenehmigung und daß du deine Mühle nicht woanders aufstellen willst, und wenn ich dreimal der König von Preußen bin, weil es noch Richter in Berlin gibt, und deine Mühle wird stehen bleiben neben meinem Schloß, obwohl sie den ganzen Tag klappert und meine Regierung stört, für die ich die äußerste Konzentration brauche, weil ich alles allein machen muß, denn in Preußen pißt kein Hund ohne meine ausdrückliche Erlaubnis, und ich bin ein Tierfreund, sowie mein Flötenspiel, das ich sehr liebe und in dem ich ein Meister bin, aber ein König ist kein Mensch, sondern der erste Diener seines Staates – *Clown 2 lacht und hält sich erschrocken die Hand vor den Mund –*, und wenn es ihm das Herz bricht, und es wird mir das Herz brechen, ich weiß es bestimmt. *Weint.* Hast du dir alles gemerkt.

CLOWN 2: Der Löwe.

Ein Löwe tritt auf. Clown 2 hängt sich an ein Trapez, das vom Schnürboden herunterkommt. Clown 1 hängt sich an Clown 2 und klettert an ihm hoch. Clown 2 ist kitzlig und läßt, von Lachkrämpfen geschüttelt, das Trapez los. Sie fallen auf den Löwen, der in zwei Teile zerbricht, die nach verschiedenen Seiten abgehn. Das Trapez verschwindet im Schnürboden.

CLOWN 1: Jetzt haben wir den Löwen kaputtgemacht.

CLOWN 2: Du hast den Löwen kaputtgemacht.

CLOWN 1: Du hast losgelassen.

CLOWN 2: Weil du mich gekitzelt hast.

Pause. Clown 1 denkt.

CLOWN 1: Wir sagen einfach, der Löwe war nicht hier.

CLOWN 2: Sie werden uns nicht glauben.

Pause. Clown 1 denkt.

CLOWN 1: Wir sagen, es gibt gar keine Löwen.

CLOWN 2: Ja, das ist gut.

CLOWN 1: Jetzt fangen wir an.

CLOWN 2: Und wo ist meine Mühle.

CLOWN 1: Du mußt sie dir eben vorstellen. Ich muß mir mein Schloß auch vorstellen. Hast du keine Fantasie.

CLOWN 2: Nein. Ich weiß, wie ich es mache. Ich werde den Müller spielen und die Mühle.

CLOWN 1: Das gilt nicht. Eine Mühle kann jeder spielen, aber wie soll ich mein Schloß spielen. Ein Schloß kann man sich nur vorstellen.

CLOWN 2: Dafür ist es auch viel schöner.

CLOWN 1 *strahlt*: Ja, das ist wahr.

Auf tritt Direktor mit Peitsche.

DIREKTOR: Was habt ihr mit dem Löwen gemacht.

CLOWN 2 *stellt sich hinter Clown 1.*

CLOWN 1 + 2: Es gibt keine Löwen.

Dem Direktor fällt die Kinnlade herunter. Er hebt sie auf und geht, sich scheu umblickend, ab.

CLOWN 1: Jetzt fangen wir an. Zuerst kommt das Regieren. Wo ist mein Stuhl.

Stuhl vom Schnürboden, Clown 1 will sich setzen, Clown 2 schleicht sich hinter ihn, zieht den Stuhl weg, Clown 1 setzt sich nicht, richtet sich wieder auf.

CLOWN 1: Halt. Wir haben etwas vergessen. Mein Windspiel. Ohne mein Windspiel kann ich nicht regieren.

CLOWN 2: Dein Windspiel?

CLOWN 1: Ja. Wo ist mein Windspiel.

Hund vom Schnürboden.

CLOWN 2: Haha. Das soll ein Windspiel sein. Das ist ja ein Hund.

CLOWN 1 *streng*: Ein Windspiel ist ein Hund. Der Stuhl steht zu weit hinten.

CLOWN 2: Du stehst zu weit vorn.

CLOWN 1: Ja. Der Stuhl steht zu weit hinten, und ich stehe zu weit vorn.

CLOWN 2: Ich weiß, was wir machen. Du gehst nach hinten, und ich trage den Stuhl nach vorn.

CLOWN 1: Ja, das ist gut.

Sie tun es.

CLOWN 1: Jetzt steht der Stuhl zu weit vorn, und ich stehe zu weit hinten.

10

CLOWN 2: Wir haben es falsch gemacht. Ich muß den Stuhl
nach hinten tragen, und du mußt nach vorn gehen.

CLOWN 1: Ja.

Der Stuhl verschwindet im Schnürboden.

CLOWN 1: Der Stuhl ist weg. 5

CLOWN 2: Ja, ich sehe ihn auch nicht mehr.

CLOWN 1: Ich werde mich auf dich setzen, du bist mein
Stuhl.

CLOWN 2: Und wer ist die Mühle.

CLOWN 1: Eins nach dem andern. 10

*Clown 2 läßt sich auf Hände und Knie nieder, Clown 1
setzt sich auf ihn.*

CLOWN 1: Jetzt regiere ich, und du mußt klappern.

Clown 2 steht auf, Clown 1 fällt um.

CLOWN 1: Du kannst nicht einfach aufstehn, während ich 15
regiere.

CLOWN 2: Jetzt bin ich die Mühle. Du mußt dir den Stuhl
eben vorstellen.

CLOWN 1: Ja.

Clown 1 setzt sich in die Luft. 20

CLOWN 2: ES KLAPPERT DIE MÜHLE AM RAUSCHENDEN
BACH KLIPP KLAPP KLIPP KLAPP KLIPP KLAPP

CLOWN 1: Länger kann ich mir den Stuhl nicht vorstellen.

CLOWN 2: Warum regierst du nicht im Stehen.

CLOWN 1: Das geht nicht. Ich glaube, ich höre auf mit dem 25
Regieren. Es ist zu schwer. Wir machen jetzt das
Flötenspiel.

CLOWN 2: Spielen wir mit meiner Flöte, oder spielen wir
mit deiner Flöte. Ich weiß, wie wir es machen: Du spielst
mit meiner Flöte, und ich spiele mit deiner Flöte. 30

CLOWN 1: Du hast keine Flöte, du bist der Müller von
Potsdam. Fang an.

CLOWN 2: Ich bin der Müller von Potsdam. Der König von
Preußen ist mein Nachbar. Meine Mühle steht neben
seinem Schloß. Ich habe gehört, daß meine Mühle den 35
König von Preußen beim Regieren stört und beim
Flötespielen, weil sie den ganzen Tag klappert, und er
will zu mir kommen, der König von Preußen zu dem
Müller von Potsdam, und mir den Befehl geben, daß ich

meine Mühle woanders aufstellen soll. Aber da kommt
er bei mir an den Richtigen. Ich habe nämlich einen
Gewerbeschein, und eine Baugenehmigung habe ich
auch. Jawohl. *Clown 1 applaudiert.* Der soll nur kom-
5   men, der Arschficker, mit seinem Windspiel und mit
seinem Krückstock. Ich werde ihm zeigen, was eine
Harke ist. Es gibt noch Richter in Berlin. Jawohl. *Clown 1*
applaudiert. Ich werde sein Windspiel durch den Wolf
drehn und aus seiner Krücke Kleinholz machen. *Clown 1*
10   *applaudiert.* Ich werde ihm den Arsch aufreißen, ich bin
ein deutscher Mann. Jawohl. *Clown 1 applaudiert.* Was
heißt hier König. Regieren kann jeder –
    CLOWN 1: Halt. Du mußt auf dem Boden der Legalität
    bleiben.
15 CLOWN 2: Was ist das.
    CLOWN 1: Das ist französisch und heißt SCHUTTABLADEN
    VERBOTEN.
    Jetzt kommt mein Auftritt.
    Clown 1 fällt über seinen Krückstock auf die Nase.
20 CLOWN 2: Trittst du immer mit der Nase auf.
    CLOWN 1: Ich bin der König von Preußen, mein Schloß
    steht neben deiner Mühle, und ich befehle dir, Müller
    von Potsdam, deine Mühle anderswo aufzustellen, weil
    sie den ganzen Tag klappert, was mich beim Regieren
25   und beim Flötespielen stört.
    CLOWN 2: Ich bin der Müller von Potsdam. *Seine Knie*
    fangen an zu schlottern. Er versucht sie mit den Händen
    festzuhalten. Ich bin ein deutscher Mann. *Fällt um, steht*
    wieder auf vor dem drohenden Krückstock, fällt wieder
30   *um.*
    CLOWN 1 *mit erhobener Krücke*: Wenn du jetzt nicht deine
    Rolle spielst, sage ich dem Direktor, daß du den Löwen
    kaputtgemacht hast. Ich kenne dich. Das machst du nur,
    weil du mich vor den Leuten blamieren willst, aus
35   Bosheit.
    CLOWN 2 *steht wieder auf und fällt wieder um. Auf Händen*
    und Knien: Bestimmt nicht. Ich gebe mir wirklich Mühe.
    Siehst du, wie ich schwitze. Es kommt einfach über
    mich. Ich kann nichts dagegen tun. Es haut mir die

Beine weg. Es kommt von innen. Es ist eine Naturgewalt.

CLOWN 1 *böse*: Ich werde dir zeigen, was eine Naturgewalt
ist. *Schlägt ihn.* Ich bin der erste Diener meines Staates.
Clown 2 leckt an dem Krückstock und fängt an, ihn 5
aufzuessen. Den Stock essend, richtet er sich an ihm auf,
bis er stocksteif dasteht. Marschmusik, die in Schlachten-
donner übergeht. Der Bühnenhintergrund öffnet sich vor
einem Feuer, aus dem Sprechblasen aufsteigen: JEDER
SCHUSS EIN RUSS JEDER TRITT EIN BRIT JEDER STOSS 10
EIN FRANZOS *und in das Clown 2 im Paradeschritt*
hineinmarschiert.

CLOWN 1: Ich hatte es mir eigentlich anders vorgestellt,
weil ich französisch spreche und sehr aufgeklärt bin.
Aber so geht es natürlich auch. 15
Der Hund, ebenfalls im Paradeschritt, folgt Clown 2.

CLOWN 1 *zu dem Hund*: ET TU, BRUTE!

Brandenburgisches Konzert 2

Schloß. Kaltes Buffet. Ein Empirestuhl. Im Hintergrund
Gesang: 20
ALS DAS KRAFTWERK WURDE VOLKES EIGEN

EIN GENOSSE *stellt vor*: Das ist der Maurer von der
Stalinallee. Held der Arbeit seit heute. Nimm Kaviar,
Genosse, den kriegst du nur hier. Du hast ihn bezahlt
mit der Stalinallee. Er hat Friedrich den Einzigen von 25
Berlin nach Potsdam kommandiert, weil der uns in der
Sonne stand Unter den Linden, mit vier Mann für
dreimal weniger Geld, als von den Experten aus dem
Westen vorgesehen war, und in Weltbestzeit. Am kalten
Buffet ist er neu. Was willst du. Wenn wir Kohlsuppe 30
löffeln mit der Bevölkerung, machen sie Hackfleisch aus
uns, hier ist Deutschland, Genosse. Diktatur des Prole-
tariats auch in der Küche. Essen ist Parteiarbeit. Der
rote ist besser.
Ab. Der Maurer, mit Kopfverband, ißt. Präsident. 35

PRÄSIDENT: Das ist dein Tag, Genosse. Du siehst aus
Als ob er dir zu läng wär.

13

MAURER: Lang genug.

PRÄSIDENT: Dein Kopf?

MAURER: Das ist der Dank der Arbeiterklasse.
Sie wollten mich zum Denkmal umarbeiten.
Das Material kam aus dem vierten Stock.
Und wenn ihr mir noch einen Orden anhängt,
Könnt ihr mich als Ersatzmann aufstelln nächstens
Unter den Linden für den Alten Fritz.

PRÄSIDENT: Die Steine, die sie auf uns schmeißen heute
Genosse, passen morgen in die Wand.
Was liegt dir sonst im Magen.

MAURER: Das kalte Buffet.

PRÄSIDENT: Du wirst dich dran gewöhnen müssen. Ich
habs auch gelernt.

EIN GENOSSE: Genosse Präsident
Die Künstler warten.

PRÄSIDENT: Ich muß auf den Laufsteg.
*Ab. Musik. Brandenburgisches Konzert. Maurer setzt
sich auf den Empirestuhl.*

MAURER: Das ist der richtige Stuhl für meinen Hintern.
Friedrich der Zweite von Preußen als Vampir.

FRIEDRICH 2: Will Er nicht aufstehn, Kerl, vor seinem
König.

MAURER: Ich hab gedacht, der paßt auf keinen Stuhl mehr.
Ich zeig dir, wo Gott wohnt.
Geht auf Friedrich 2 los. Der schlägt ihn mit der Krücke.
                            He. Das ist mein Kreuz.
*Zerbricht die Krücke überm Knie. Friedrich der Zweite
geht ihn von hinten an.*
Bei mir bist du verkehrt. Fick deinen Hund.
*Schüttelt ihn ab. Friedrich der Zweite geht ihm an die
Kehle.*
Hast du noch Durst, du Vieh. Geh Wasser saufen.
*Kampf. Auftritt Genosse mit Tablett. Friedrich der
Zweite verschwindet.*

GENOSSE: Das schickt der Präsident. Bier und Kotelett
Damit du dir den Magen nicht verdirbst
Eh du dich dran gewöhnt hast, am kalten Buffet.

MAURER *ißt das Kotelett und trinkt das Bier.*

Hommage à Stalin 1

Schnee. Schlachtlärm. Drei Soldaten. Ihre Körper sind nicht mehr vollständig. Auf tritt im Schneetreiben ein junger Soldat.

SOLDAT 1: Da kommt Nachschub.

SOLDAT 2: Er hat noch alles. 5

SOLDAT 3: Wer ist dran.

SOLDAT 1: Ich.

SOLDAT 2: Woher, Kamerad?

JUNGER SOLDAT: Aus der Schlacht.

SOLDAT 3: Wohin, Kamerad? 10

JUNGER SOLDAT: Wo keine Schlacht ist.

SOLDAT 1: Deine Hand, Kamerad.

Reißt ihm den Arm aus. Der junge Soldat schreit. Die Toten lachen und fangen an, den Arm abzunagen.

SOLDAT 3 *den Arm anbietend*: Hast du keinen Hunger? 15
Der junge Soldat verdeckt sein Gesicht mit der verbliebenen Hand.

SOLDAT 1: Das nächste Mal bist du dran. Der Kessel hat für alle Fleisch.

STIMMEN: Vive l'empereur. 20
Es lebe der Kaiser.

SOLDAT 1: Das ist Napoleon. Er kommt jede dritte Nacht.
Napoleon geht vorbei. Er ist bleich und dick. Er schleift einen Soldaten seiner Großen Armee an den Füßen hinter sich her. 25
Das geht in Ordnung. Es sind seine Leichen. Ohne ihn wären sie nicht hier. Und er zählt nach, er ist filzig. Kameradschaft gibt es nur bei uns. Willst du wirklich nichts essen?
Hinter Napoleon ist Cäsar aufgetaucht, grünes Gesicht, 30
die Toga blutig und durchlöchert.
Der Grüne hinter ihm ist Cäsar. Der hat sein Fett, dreiundzwanzig Löcher.

SOLDAT 2: Wenn du den Arsch nicht mitzählst. *Lachen.*

SOLDAT 1: Er lebt vom Fechten. Seine Leichen hat er auf 35
Sperrkonto: Die Schlachtfelder liegen zu tief.

SOLDAT 3: Warum hat er sich nicht eingeteilt, der Makkaroni.

SOLDAT 1: Manchmal läßt Napoleon ihm ein Bein ab. *Lacht.* Oder einen Arm. *Wirft Cäsar den abgenagten Arm zu.* Bei uns braucht keiner zu hungern. *Cäsar nimmt den Arm auf und verschwindet im Schneetreiben.*
Der junge Soldat läuft schreiend weg.

SOLDAT 3: Der kommt wieder. Der Kessel ist dicht. *Immer mehr Soldaten taumeln und kriechen auf die Bühne, fallen, bleiben liegen. Dann treten überlebensgroß in verrosteten Harnischen die Nibelungen Gunther, Hagen, Volker und Gernot auf.*

GUNTHER *auf den Toten herumsteigend*: Simulanten. Drückeberger. Defätisten. Feiges Pack.

VOLKER: Die glauben, wenn sie verreckt sind, haben sie alles getan, was von ihnen verlangt werden kann.

HAGEN *höhnisch*: Die glauben, sie haben es hinter sich.

GERNOT: Die werden sich wundern.

GUNTHER: Nehmt eure Schwerter auf, ihr Nibelungen. Die Hunnen kommen wieder. GOTT MIT UNS.
Die Nibelungen bewaffnen sich mit Leichen und Leichenteilen und werfen sie brüllend auf imaginäre Hunnen, so daß ein unregelmäßiger Wall aus Leichen entsteht.

GUNTHER: Sieh, Attila, die Ernte unsrer Schwerter.
Die Nibelungen setzen sich auf den Leichenwall, nehmen die Helme ab und trinken aus ihren Hirnschalen Bier.

GERNOT: Immer dasselbe.
Die andern sehen ihn an, empört.
Ich sage nicht, daß ich nicht mehr mitmachen will. Aber worum geht es eigentlich.

VOLKER: Hast du Siegfried schon vergessen, den die Hunnen im Odenwald –

HAGEN *hebt seine Hirnschale*: Rache für Siegfried.

GUNTHER und VOLKER *ebenso*: Rache für Siegfried.

GERNOT *zu Hagen*: Aber ich habe doch selbst gesehen. Ich meine, das weiß doch jeder, daß du ihn.

GUNTHER: Wir alle haben gesehen, wie Hagen den Speer aus der Wunde zog, mit dem die Hunnen aus dem Hinterhalt unsern Siegfried –

GERNOT: Ich habe gesehen, wer den Speer geworfen hat.

GUNTHER: Er war ein Verräter.

GERNOT: Wer.

GUNTHER: Siegfried. Ich wollte es dir eigentlich nicht sagen. Man soll der Jugend ihre Illusionen lassen, solange es irgend geht. Jetzt weißt du es.

GERNOT: Ich weiß immer noch nicht, warum wir uns hier mit den Hunnen herumschlagen.

VOLKER: Bist du ein Hunne, daß du zum Kämpfen einen Grund brauchst.

HAGEN: Weil wir aus dem Kessel nicht herauskommen, darum schlagen wir uns mit den Hunnen herum.

GERNOT: Aber wir brauchen doch nur aufzuhören, und es gibt keinen Kessel mehr.

GUNTHER: Hat er aufhören gesagt.

VOLKER: Er hat es immer noch nicht gelernt.

HAGEN: Der lernt es nie.

GUNTHER: Wir dürfen die Hoffnung nicht aufgeben. Er ist kein Hunne.

VOLKER: Wir werden ihn schon hinbiegen.

HAGEN: Jedenfalls müssen wir jetzt anfangen. Zeit ist Geld.

Die drei stehen auf, bewaffnen sich und gehen auf Gernot zu. Der springt auf.

GERNOT: Ich will nicht jede Nacht sterben. Ich finde das langweilig. Es macht mir keinen Spaß. Ich möchte auch mal etwas anderes machen. Das mit den Frauen zum Beispiel. Ich habe vergessen, wie es heißt.

HAGEN *höhnisch*: Er hat vergessen, wie es heißt.

VOLKER: Das ist die Jugend von heute. Sie hat keine Ideale mehr.

GUNTHER: Was meinst du, wozu deine Mutter dich geboren hat. Wir werden es so lange üben, bis du es im Schlaf kannst.

Die drei Nibelungen schlagen in einem längeren Kampf den vierten in Stücke. Dann masturbieren sie gemeinsam.

VOLKER *masturbierend*: »Ich möchte auch mal etwas anderes machen. Das mit den Frauen zum Beispiel. Ich habe vergessen, wie es heißt.«

Die Nibelungen lachen.

HAGEN *ebenso*: Ich weiß schon nicht mehr, was das ist, eine

17

Frau. Ich glaube, ich würde das Loch nicht mehr finden.
Die Nibelungen lachen.

GUNTHER *ebenso*: Der Krieg ist Männerarbeit. Jedenfalls
geht das Geld jetzt nur noch in drei Teile. Das Loch im
Kessel werden wir schon finden.
Die Nibelungen lachen.

VOLKER *stimmt seine Geige.*

GUNTHER: Laß deine Geige aus dem Spiel. Ich kenne deine
Tricks. Er will uns weichmachen mit seiner Gesangs-
nummer. SCHLAFE MEIN PRINZCHEN SCHLAF EIN. Und
dann haut er ab und reißt sich die Sore allein unter den
Nagel.

HAGEN: Besser, wir machen ihn gleich fertig.

GUNTHER: Los.

Bewaffnen sich.

VOLKER: Kameraden.

Schlagen ihn in Stücke.

GUNTHER: Jetzt sind es nur noch wir beide.

HAGEN: Einer zu viel.

*Schlagen einer den andern in Stücke. Einen Augenblick
Stille. Auch der Schlachtlärm hat aufgehört. Dann kriechen die Leichenteile aufeinander zu und formieren sich
mit Lärm aus Metall, Schreien, Gesangsfetzen zu einem
Monster aus Schrott und Menschenmaterial. Der Lärm
geht weiter bis zum nächsten Bild.*

Hommage à Stalin 2

Kneipe. Sirenen. Glockenläuten.
*Wirt. Zwei Kleinbürger. Eine Gestalt: Der Schädelver-
käufer.*

KLEINBÜRGER 1: Stalin ist tot.

KLEINBÜRGER 2: Lang hats gedauert.

WIRT: Achtung.

Drei Huren.

KLEINBÜRGER 1: Wie wärs mit uns, Kollegin.

HURE 3: Geh nach Hause, Kleiner. Mama weint.

HURE 2: Darfst du überhaupt schon aufbleiben.

HURE 1: Es gibt keine Mütter mehr.

18

KLEINBÜRGER 1: Warum nicht in Schwarz, meine Damen, an einem Tag wie heute.

HURE 2: Bei uns sitzt es tiefer. *Zeigt schwarze Unterwäsche.*

KLEINBÜRGER 2: Ein Bier für die Witwen und Waisen.

HURE 1: Wir trinken nur Sekt. 5

WIRT: Hier ist nicht der Kudamm.

HURE 3: Weil Sies sind.
  Bier.

KLEINBÜRGER 1: Sekt. Das Handwerk hat einen goldenen Boden. 10

KLEINBÜRGER 2: Ein Loch, wenn du mich fragst.

WIRT: Ein goldenes.

HURE 2 *zu Kleinbürger 1*: Wir arbeiten nicht mit der Hand, mein Herr.

KLEINBÜRGER 1: Ich wollte Sie nicht beleidigen, meine 15 Dame. Ich bin selbst nur ein einfacher Handwerker.

HURE 2: Pfui.

KLEINBÜRGER 1: Mundwerk ist besser als Handwerk. *Lacht.*

HURE 3: Verschluck dich nicht, mein Sohn. 20

HURE 2 *auf die Gestalt*: Wer ist das Gespenst. Huh!

HURE 1 *wartet die Wirkung ab, keine Wirkung*: Es hat sich nicht bewegt.

KLEINBÜRGER 2: Vielleicht ein Denkmal.

HURE 1: Das ist Haarmann. Seht ihr den Sack unterm 25 Stuhl. Er hat wieder einen auseinandergenommen, und in dem Sack da hat er die Teile drin. Wo die Jacke absteht, ist das Messer.

KLEINBÜRGER 2: Bei dem Fleischpreis ist so was schon beinah Notwehr. 30

KLEINBÜRGER 1: Ich will nicht wissen, wen alles ich schon gegessen hab.

HURE 3: Haarmann kanns nicht sein. Der sieht anders aus, mehr rundlich. Ich hab ihn gesehn. Am Dienstag wars. Er hatte das Messer schon draußen. Mensch, hab ich 35 gebrüllt. Und weg war er, wie ein Schatten.

KLEINBÜRGER 1: Sie haben ein Gespenst gesehn, meine Dame. Haarmann ist im Himmel.

HURE 2: Der ist taubstumm.

HURE 3: Jedenfalls geh ich heute nicht allein nach Hause.

KLEINBÜRGER 1 *klappt Taschenmesser auf*: Wie darfs denn sein.

HURE 3 *kreischt*.

5   *Auf treten vier Maurer.*

DICKER MAURER:
Der trinkt kein Bier mehr.

GENERAL: Das muß gefeiert werden.

JUNGER MAURER: Was willst du damit sagen, General.

10 GENERAL: Was ich gesagt hab. Bier.

HILSE: Sei froh, General
Daß dich der Russe auf den Bau geschickt hat.

GENERAL: Ich hab nur meine Pflicht getan als Deutscher.

HILSE: Ich hätt euch alle an die Wand gestellt.

15 GENERAL: Das fragt sich noch, wer eher an der Wand steht.

JUNGER MAURER *zu Hure 1*: Das ist sie. Im Oktober sinds vier Jahre.
Ich hab Sie überall gesucht. Wie gehts.

20 HURE 2: Wen hast du da an Land gezogen, Mädchen.

KLEINBÜRGER 2: Vier Jahre. Der hats eilig.

KLEINBÜRGER 1 *singt*: ROSEMARIE. ROSEMARIE
SIEBEN JAHRE MEIN HERZ NACH DIR SCHRIE.

HURE 2:   Junger Mann

25 Ich glaube, Sie sind auf dem falschen Dampfer.

JUNGER MAURER: Was machen Sie zum Beispiel heute abend.

HURE 2: Er wills nicht wissen. Mensch, muß Liebe schön sein.

30 HILSE: Bleib weg da, Junge. Das ist nichts für dich.

HURE 1: Ich glaub nicht, daß ich heute abend Zeit hab.

JUNGER MAURER: Warten Sie hier auf einen Kapitalisten.

HURE 3:
Schön wärs.

35 HURE 1:   Ich muß jetzt gehn.

JUNGER MAURER: Gehn wir zusammen.
Hure 1 allein ab.

KLEINBÜRGER 1:
Sie ist noch Jungfrau.

Kleinbürger 1 und Kleinbürger 2 lachen.
JUNGER MAURER *zu Hure 3 und 2*:
                    Hat sie einen andern.
KLEINBÜRGER 1: Nie sollst du mich befragen, Lohengrin.
KLEINBÜRGER 2: Er kann nicht weiter zählen als bis eins.   5
HURE 3 *weint*:
    Das ist die Liebe.
    Junger Maurer geht. Hilse will ihn zurückhalten.
JUNGER MAURER: Ich brauch keinen Vormund
    Junger Maurer stößt Hilse zurück.   10
GENERAL *lacht.*
DICKER MAURER: Warum mischst du dich ein.
GENERAL: Der Aktivist.
    Aktivist mit Kopfverband setzt sich an den Tisch der
    Maurer. Die Maurer setzen sich an einen andern Tisch. 15
GENERAL: Ein schöner Kopf.
DICKER MAURER: Ja. Es soll Leute geben
    Die können unter keinem Stein vorbeigehn
    Der vom Gerüst fällt.
AKTIVIST: Seid ihr noch gesund.   20
KLEINBÜRGER 1 *betrunken*:
    Ich sage, es gibt Krieg. Was sagst du.
KLEINBÜRGER 2 *ebenso*:   Von mir aus.
HURE 3 + 2 *singen*: WIR KOMMEN ALLE ALLE IN DEN
    HIMMEL   25
    Huren und Kleinbürger singend ab.
GENERAL: Kann sein, manches wird anders hier demnächst
    Und manche Leute haben nichts zu lachen.
    Pause.
DICKER MAURER: Der Deutsche läßt sich viel gefalln. Nicht 30
    alles.
    Pause.
HILSE: Was willst du damit sagen, General.
GENERAL: Ich rieche Menschenfleisch, sagte der Riese.
    Ab. Nach ihm der dicke Maurer.   35
AKTIVIST: Feine Gesellschaft.
HILSE: Nicht so fein wie deine.
AKTIVIST: Mir haben sie erzählt, du bist ein Roter.
    Pause.

21

HILSE: Ein Arbeiterverräter bin ich nicht. *Ab.*

AKTIVIST: Gib mir noch einen Schnaps. Ich kanns gebrauchen
    Wenn ich nach Hause komm. Ich trau mich schon
    Nicht mehr nach Hause. Jeden Tag was Neues.
5   Gestern der Teppich. Heute das BUFFET.
    Mir haben sie einen Orden aufgehängt.
    Seitdem spielt meine Frau die Dame, weil
    Ich in der Zeitung steh.

WIRT: Adel verpflichtet.

10 AKTIVIST: Wenn ich gewußt hätt, was die Prämie kostet.
    Pause. Ein Betrunkener.

WIRT: Du hast genug.

BETRUNKENER: Ich bin ein freier Mensch.

WIRT: Und das ist mein Lokal.

15 BETRUNKENER: Ich war schon links
    Als dein Lokal noch Sturmlokal war, braun mit
    SA.
    Setzt sich zu dem Aktivisten.
    Bestell mir einen Schnaps, Kamerad.
20   Du bist Prolet, ich bin Prolet. Wir müssen
    Zusammenhalten gegen den Kapitalismus.
    Gegen den Sozialismus auch. Ich war
    Im KJV seit 24. Mir macht
    Keiner was vor. In Stalingrad im Kessel
25   Haben sie mich ausgekocht. Das war kein Krieg mehr.
    Wir hätten Gras gefressen, aber ich hab
    Kein Gras gesehn. Wir haben keinen Knochen
    Gefragt, ob er vom Pferd ist oder ICH
    HATT EINEN KAMERADEN.
30   Aber der Mensch gewöhnt sich. Wer sitzt hier.
    Ich war der einzige Unteroffizier
    Der eine Kompanie unter sich hatte.
    Der Hauptmann war krepiert, die Leutnants auch.
    Wir sind herausgekommen aus dem Kessel
35   Wir waren vierundzwanzig, bis auf zehn.
    Ich hab sie durchgebracht. Ich war in Ordnung.
    Und meine Jungens waren auch in Ordnung.

AKTIVIST: Du mußt es wissen.

BETRUNKENER: Ja. Grad heute hab ich

Einen getroffen. Sitzt im Ministerium.
Staatssekretär oder wie das jetzt heißt.
Der Junge hat es weit gebracht: ganz oben.
Aber mich hat er gleich erkannt. Bist dus, Chef.
Immer der Alte, sag ich. Und er: Komm, wir machen   5
Ein Faß auf. Ich mit. Seine Frau war giftig
Als wir mit Bier auf dem Parkett den Kessel
Rekonstruieren wollten, unsern Kessel.
Er hat sie eingeschlossen in der Küche.
Dann haben wir den Kessel rekonstruiert.   10
Und nach der vierten Flasche frag ich ihn:
Kannst du noch robben, Willi, altes Schwein.
Und was soll ich dir sagen, du glaubst es nicht:
Der konnte noch. So gut war meine Schule.
Schüttet Bier auf den Tisch.   15
Das ist die Wolga. Hier ist Stalingrad.
AKTIVIST: Das ist mein Bier.
BETRUNKENER: Dich intressierts nicht, was.
  Der Krieg ist nicht zu Ende. Das fängt erst an.
  Mich kratzt es nicht mehr. Ich kenn den Arsch der Welt   20
  Von innen wie von außen. *Ab.*
  Der junge Maurer und Hure 1.
JUNGER MAURER *zum Aktivisten*: Das ist ein Mädchen.
  He, Aktivist. Du hast die Taschen voll
  Mit unserm Geld für deine rote Norm.   25
AKTIVIST: Du wirst es auch noch lernen.
JUNGER MAURER: Nicht von dir.
  Wir brauchen eine Wohnung.
HURE 1:   Du hasts eilig.
JUNGER MAURER: Jetzt kann ich nicht mehr schludern auf   30
  dem Bau.
  Kann sein, ich bau an meiner eignen Wohnung.
AKTIVIST: Ich hab dir gleich gesagt, du lernst es noch.
JUNGER MAURER:
  Dich brauch ich nicht dazu.   35
AKTIVIST: Dafür gibts andre.
HURE 1 *singt*: SO SCHÖN WIE HEUT SO SOLL ES IMMER
  BLEIBEN
  Ich glaub, ich hab zu viel getrunken.

JUNGER MAURER: Komm.
Ich bring dich heim.
HURE 1: Ich muß zur Arbeit.
JUNGER MAURER: Nachtschicht?
5 HURE 1: Ja, ich hab immer Nachtschicht.
*Der Schädelverkäufer ist aufgestanden, nimmt seinen
Sack auf und nähert sich, leicht schwankend.*
HURE 1: Was will der.
JUNGER MAURER: Das ist der Weihnachtsmann. Fehlt
10 Ihnen was?
SCHÄDELVERKÄUFER: Ein schönes Paar. Gestatten Sie,
daß ich Ihnen ein kleines Souvenir anbiete. *Holt einen
Totenschädel aus dem Sack. Hure 1 schreit.* Ein
Memento mori für das neue Heim. MITTEN WIR IM
15 LEBEN SIND / VON DEM TOD UMFANGEN. Ich habe ihn
selbst ausgegraben. Und dreimal abgekocht. Ein saube-
res Exemplar. 18. Jahrhundert nach dem Grabstein. Die
Erde bringt es an den Tag. Hier ist gedacht worden,
20 mein Herr, die Theodizee des großen Leibniz hatte Platz
in diesem Hohlraum. Der Materialismus ist ein Irrtum,
glauben Sie mir.
HURE 1 *lacht*: Der ist komisch.
SCHÄDELVERKÄUFER: Sie können auch ein Skelett haben.
25 Eine philosophische Flurgarderobe. Legen Sie ab, meine
Dame. So viel, mein Herr? Ein Skelett kostet natürlich
mehr. Man findet selten ein vollständiges Skelett. Wer
weiß, was die Toten mit ihren Knochen anstellen.
Kichert. Ich habe da meine Vermutungen. Lassen wir
30 das. Fünfzig der Schädel.
HURE 1: Ich hab Angst.
JUNGER MAURER: Das werden wir gleich haben.
SCHÄDELVERKÄUFER: Das ist geschenkt, mein Herr. Es
handelt sich nicht um Reichsmark. Ich komme knapp
35 auf die Spesen.
JUNGER MAURER: Packen Sie Ihre Klamotte ein, Chef.
HURE 1: Ich möchte gehn.
SCHÄDELVERKÄUFER: Entschuldigen Sie.
Hure 1 und junger Maurer ab. Pause.

24

SCHÄDELVERKÄUFER: Ich würde gern noch das eine oder andere Glas von Ihrem vorzüglichen Schnaps trinken, aber leider, ich bin nicht mehr flüssig. Nehmen Sie den Schädel in Kommission.

WIRT: Und bei der Auferstehung wird er eingelöst, wie. Ob Sie das eine oder das andre trinken, ist Ihre Angelegenheit, aber bezahlt wird bar.

AKTIVIST: Schlägst du die auch selber tot, Kollege?

SCHÄDELVERKÄUFER *setzt sich an den Tisch des Aktivisten*: Ich arbeite beim Tiefbau. Sozusagen. Wir transportieren Friedhöfe unter Ausschluß der Öffentlichkeit. Umbetten, wie es in der Sprache der Hinterbliebenen heißt. Ich bin ein Hinterbliebener, ich bette um. UNDER BLUOMEN UNDE GRAS. Wir arbeiten nachts. Unter Alkohol, wegen der Infektionsgefahr. GRAUT LIEBCHEN AUCH VOR TOTEN. Für mich eine Tätigkeit von einiger Pikanterie: Ich war Historiker. Ein Fehler in der Periodisierung, das Tausendjährige Reich, Sie verstehn. Seit mich die Geschichte an die Friedhöfe verwiesen hat, sozusagen auf ihren theologischen Aspekt, bin ich immun gegen das Leichengift der zeitlichen Verheißung. Das goldene Zeitalter liegt hinter uns. Jesus ist die Nachgeburt der Toten. Kennen Sie Vergil.

SCHON ENTSTEIGT EIN NEUES GESCHLECHT DEM ERHABENEN HIMMEL
SCHLIESST DIE EISERNE ZEIT UND BEFREIT VOM SCHRECKEN DIE LÄNDER.
SEHT WIE ALLES ENTGEGEN ATMET DEM NEUEN JAHRHUNDERT
DAS GEFLÜGELT HERAUFKOMMT MIT GESCHENKEN DER ERDE;
SANFT MIT ÄHREN WIRD VON SELBER VERGOLDEN DIE FLUR SICH
AUCH AM WILDERNDEN DORN WIRD ROT ABHANGEN DIE TRAUBE
AUS HARTSTÄMMIGEN EICHEN WIE TAU WIRD TROPFEN DER HONIG
ZU VERSUCHEN DAS MEER IM GEBÄLK, ZU SCHIRMEN DIE STADT MIT

MAUERN, DEN GRUND MIT DER FURCHE ZU SPALTEN
IST DA KEINE NOT MEHR.
WIRT: Herrschaften, heben Sie den Arsch von meinen
Stühlen. Polizeistunde.

5 **Die Heilige Familie**

*Führerbunker. Hitler, erstarrt in einer seiner Posen. Eine
Glocke schlägt Mitternacht. Hitler bewegt sich, gähnt, macht
ein paar Schritte, probiert seine Posen, trinkt aus einem
Kanister Benzin usw.*
10 HITLER: Josef!
*Goebbels, mit Klumpfuß und riesigen Brüsten,
hochschwanger.*
GOEBBELS: Mein Führer!
HITLER *beklopft den Bauch des schwangeren Goebbels*:
15 Was macht unser Garant. Bewegt er sich? Brav. Trinkst
du dein Benzin? *Zieht Goebbels an den Brustwarzen.* Ist
das Euter stramm, wie es sich gehört für eine deutsche
Mutter? Brav. Nährstand Wehrstand.
GOEBBELS: Wir haben nur noch für drei Tage Benzin.
20 HITLER: Beeil dich mit der Niederkunft. Wache!
Wache in schwarzer Uniform mit Eberkopf.
HITLER *während er den kichernden Goebbels in den Hintern
kneift*: Das Frühstück!
Wache ab. Ein Soldat. Hitler ißt ihn, den Kopf zuletzt.
25 *Niest, spuckt und klaubt sich die Haare aus dem Maul.*
Ich habe befohlen, daß meine Männer rasiert werden,
bevor ich sie esse. Schweinerei!
Niest und trinkt Benzin.
GOEBBELS: Ich darf darauf aufmerksam machen, mein
30 Führer, daß der Kreis der Geheimnisträger klein gehal-
ten werden muß. Das deutsche Volk liebt Sie als
Vegetarier. Wir haben Schwierigkeiten mit dem Perso-
nal, der Friseur kann den Ariernachweis nicht er-
bringen. Der vorige ist abkommandiert, er rasiert Herrn
35 Stalin. Die Wege der Vorsehung sind wunderbar.
HITLER *brüllt*: Arglist! Heimtücke! Verrat! Ich bin von
Verrätern umgeben. Sie wollen mich umbringen. Sie

26

legen mir Bomben ins Bett. Sie schütten mir Messer ins Essen. Sie tun Gift in mein Benzin. Ich werde sie köpfen. Ich werde sie aufhängen. Ich werde sie vierteilen. *Heult, beißt in den Teppich, immer heulend. Kriecht zu Goebbels, legt den Kopf an seine Brüste, greint.* 5

GOEBBELS *streichelt und wiegt ihn*: Du bist der Größte. Du bist stärker als alle. Sie können dir nichts tun. Du wirst sie bestrafen.

HITLER *noch in der gleichen Stellung*: Ja. Finger abhacken. Hände. Arme. Beine. Ohren abschneiden. Nase 10 abschneiden. *Kichernd und zappelnd.* Pimmel ausreißen.

GOEBBELS *droht mit dem Finger*: Man sagt nicht Pimmel.

HITLER *wirft sich auf den Boden, strampelt*: Du hast Pimmel gesagt. Gib zu, daß du Pimmel gesagt hast. 15 Verräter. Du bist auch ein Verräter.

GOEBBELS *schnell*: Ich habe Pimmel gesagt. Ich gebe es zu. Gnade, mein Führer.

HITLER *steht auf, nimmt die Pose Napoleons ein*: Siehst du. Dafür mußt du mir jetzt die Stiefel lecken. 20

Goebbels stürzt sich auf Hitlers linken Stiefel.

HITLER: Den rechten zuerst.

Goebbels stürzt sich auf den rechten Stiefel.

Wache!

Wache. 25

Den Rapport.

WACHE: Ein Hund ist oben vorbeigelaufen.

HITLER: Hörst du, Josef. Sie maskieren sich. Sie wagen es nicht mehr, uns offen entgegenzutreten. Aber ich durchschaue sie. Ich durchschaue alles. Ein Hund. Lächerlich! 30 Weiter.

WACHE: Er hat ins Gras gepißt. Das ist alles, mein Führer.

HITLER: Halte die Augen offen. Der Feind ist überall.

WACHE: Jawohl, mein Führer.

Wache ab. 35

HITLER: Ich werde mich jetzt an mein Volk wenden. Mein Volk.

Goebbels greift sich an den Bauch, schreit, wälzt sich schreiend am Boden.

HITLER: Eine deutsche Mutter schreit nicht. Wache!
Wache.
HITLER: Die Hebamme soll geholt werden. Es ist soweit.
Wache ab.
5   Das sind die Wehen. Die Wehen haben eingesetzt. Ich
kenne das aus meiner ersten Ehe. *Goebbels gebärdet sich
hysterisch.* Bist du immer noch eifersüchtig auf den
guten alten Ernst? Ja, er war ein Verräter. Auch er.
Weißt du noch, was er für Augen gemacht hat, als er
10 meinen Revolver sah. Damit hatte er nicht gerechnet.
Die kleine Schlampe. Wie seine Backen zitterten. Er
war ein wenig fett geworden in der letzten Zeit. Ich habe
das ganze Magazin leergeschossen auf ihn. Meine Hand
hat nicht gezittert. Ihr habt ihn festgehalten, weißt du
15 noch. Du und Herrmann. Auch ein Verräter. Ich bin von
Verrätern umgeben. Mein Rücken ist eine einzige
Narbe. Dolchstoß um Dolchstoß. Überall lauern sie mir
auf. Da. Und da. *Geht immer schneller auf und ab, sich
immer wieder plötzlich umdrehend.* Sie sind hinter mir.
20 Sie wagen es nicht, mir entgegenzutreten. Sie halten sich
hinter mir. Siehst du. Aber ich kriege sie alle. Die
Vorsehung hält ihre Hand über mich.
Wache.
WACHE: Der Hund ist wieder vorbeigelaufen. Er hat
25 wieder gepißt. Die Hebamme.
Germania, riesig, mit Hebammentasche.
GERMANIA *boxt Hitler vor den Bauch, rüttelt an seinen
Zähnen usw.*: Wie gehts dir, mein Junge. Trinkst du dein
Benzin? Ißt deine Männer? Brav.
30 *Sie greift ihm an die Hoden.*
HITLER *verschämt*: Mama!
GERMANIA: Immer noch dein Ödipuskomplex? *Lacht.*
HITLER: Das ist eine jüdische Schweinerei.
GERMANIA: Davon will ich nichts mehr hören. Ich habe
35 genug Ärger gehabt mit deinen Judengeschichten. Es
gibt Leute, die zeigen mit Fingern auf mich. Heute noch.
Manche grüßen nicht einmal.
HITLER: Der Jude –
Germania haut ihm eine Ohrfeige. Hitler heult.

28

GERMANIA: Das Becken ist zu eng. Das wird eine Zangen-
geburt. Keine Angst, es ist nicht meine erste. Aber noch
sind wir nicht soweit. Ohne Fleiß kein Preis. Beine auf.
Und durchatmen. Und pressen. So. Und eins, und zwei.
Wache.   5
WACHE: Die Heiligen Drei aus dem Abendland.
HITLER: Hörst du, Josef. Man interessiert sich wieder für
uns. Wir sind wieder wer. Die Welt –
GOEBBELS: WOLLT IHR DEN TOTALEN –
GERMANIA: Schnauze.   10
HITLER *zur Wache*: Die Ehrenkompanie!
GERMANIA *zu Goebbels*: Du hättest etwas Rouge auflegen
können.
HITLER: Eine deutsche Mutter –
GERMANIA: Ich muß mit der Zeit gehn, wenn ich wieder ins 15
Geschäft kommen will.
Schminkt Goebbels eine Nuttenmaske. So. Zu Hitler:
Und daß mir keine Panne passiert. Können die Männer
ihren Text?
HITLER: Die Vorsehung –   20
GERMANIA: Ich würde es lieber genau wissen.
*Die Ehrenkompanie, Hundeköpfe, weißer Flor über
schwarzer Uniform, blutige Stiefel, Engelsflügel, nimmt
Aufstellung.*
GERMANIA: Sie hätten sich die Stiefel putzen können. Muß 25
ich alles allein machen. Schlamperei!
Die Heiligen Drei schreiten die Front ab.
HEILIGER 1: Unsre Saat ist aufgegangen.
HEILIGER 2: Mir gefallen die Stiefel nicht.
HEILIGER 3: Veto. Mir gefallen sie auch nicht.   30
HEILIGER 1: Wir sollten nicht vergessen, worum es geht.
HEILIGER 2: Der Kommunismus ist eine schreckliche
Bedrohung.
HEILIGER 3: Besonders in seelischer Hinsicht.
HEILIGER 1: Wenn man nur an die Kinder denkt.   35
EHRENKOMPANIE *bellt*: FREIHEIT DEMOKRATIE ABEND-
LAND FRIEDEN EIGNER HERD IST GOLDES WERT LIEBER
TOT ALS ROT NUR DER TOTE INDIANER IST EIN GUTER
INDIANER JEDEM DAS SEINE EINHEIT IN SAUBERKEIT.

GERMANIA *aufatmend*: Das hat geklappt.

HEILIGER 1: Was habe ich gesagt.

HEILIGER 2: Wirklich. Ein neuer Geist.

HEILIGER 3: Schließlich, Stiefel kann man putzen.

5 GOEBBELS *brüllt*: WOLLT IHR DEN TOTALEN –

HITLER: In diesem historischen Augenblick –
  *Goebbels entfährt ein gewaltiger Furz, eine Wolke von
  Gestank verbreitend, der die Heiligen Drei umwirft.*

EHRENKOMPANIE: Sieg Heil Sieg Heil Sieg Heil.

10 *Die Heiligen Drei zucken zusammen, halten sich die
  Nasen zu, stehn auf.*

GOEBBELS: Mein Führer.

GERMANIA *zu Hitler*: Hoffentlich ist es kein Windei. Mit dir
  war nie viel los im Bett.

15 *Hitler knurrt.*

HEILIGER 3: Es riecht nicht gut, wie.

HEILIGER 2: Es riecht wirklich nicht sehr gut.

HEILIGER 1: Man soll sich nicht an Kleinigkeiten stoßen.

HEILIGER 3: Es ist schließlich nur natürlich.

20 HEILIGER 2: Menschliches ist mir nicht fremd.

HEILIGER 3: Vielleicht sollten wir jetzt die Geschenke.

HEILIGER 2: Wir müssen nicht bis zum Schluß bleiben.

HEILIGER 3: Schließlich geht alles seinen Gang.

HEILIGER 1: Die Geschenke!

25 *Soldaten der Heiligen Drei bringen die Geschenke und
  gehn wieder ab.*

HEILIGER 3: Ein Satz Folterwerkzeuge. Ich habe sie selbst
  ausprobiert. Ich glaube, Sie haben da ein Sprichwort.
  WAS EIN HÄKCHEN WERDEN WILL.

30 HEILIGER 2: Ein historisches Spielzeug für den lieben
  Kleinen. Ich bin damit aufgewachsen. Stärkt das Selbst-
  gefühl. Die Bedienung ist einfach. Sie stellen die
  Kanone auf, laden, binden Ihren Mann davor und Peng!
  Dazu ein Satz Farbige.

35 HEILIGER 1: Eine Kleinigkeit für Ihre Küche. Er ist ein
  frisches Exemplar. Wenig beschädigt. Die Jagd war
  gestern. Wir haben alle unsre kleinen Schwächen.

HITLER *groß*: Ich esse keine Farbigen.

HEILIGER 2: Peinlich, dieser Fanatismus.

HEILIGER 3: Er ist wirklich kein Umgang.

HEILIGER 1: Wir dürfen ihn nicht vor den Kopf stoßen. Gott weiß, wann wir ihn wieder brauchen.

GERMANIA *zu Hitler*: Wir müssen mit der Zeit gehn. Du auch. Bedank dich bei den Herrschaften. 5

Hitler knurrt und leckt den Heiligen Drei knurrend die Schuhe. Langer Schrei von Goebbels.

GERMANIA: Herrschaften, es ist soweit. Wo ist meine Zange. Fassen Sie mal mit an.

Germania setzt die Zange an, zieht, Heiliger 1 zieht an 10 *Germania, zwei an eins, drei an zwei.*

HITLER: Mein Volk!

EHRENKOMPANIE: DEUTSCHLAND ERWACHE! SIEG HEIL!

DIE HEILIGEN DREI: HALLELUJAH! HOSIANNA!

Ein Wolf heult. Germania und die drei Heiligen fallen auf 15 *den Hintern. Vor ihnen steht ein Contergan-Wolf.*

DIE HEILIGEN DREI *betreten*: Oh!

Germania steht auf, nimmt eine Familienpackung SUNIL *aus der Hebammentasche und schüttet sie über den Wolf aus. Weißes Licht. Der Wolf steht im Schafspelz.* 20

GERMANIA *zu den Heiligen Drei*: Sagten Sie etwas?

Der Wolf zerreißt die Negerpuppe. Hitler foltert Germania, die von der Ehrenkompanie festgehalten wird. Goebbels tanzt einen Veitstanz.

GERMANIA *schreit.* 25

HITLER *lacht.*

EHRENKOMPANIE: DEUTSCHLAND ERWACHE! SIEG HEIL!

GOEBBELS *immer tanzend*:

ACH WIE GUT, DASS NIEMAND WEISS

DASS ICH RUMPELSTILZCHEN HEISS 30

WOLF *heult.*

DIE HEILIGEN DREI *in der Position der drei Affen*:

HALLELUJA! HOSIANNA!

Hitler lädt die Kanone. Germania wird von der Ehrenkompanie vor die Kanone gebunden. Mit der Detonation 35 *fällt der Vorhang.*

Das Arbeiterdenkmal

Bau

POLIER: Ein Neuer. Ministerium bis gestern. *Ab.*
DICKER MAURER:
5   Wer hoch steigt, fällt tief.
DER NEUE: Lieber Bau als Knast.
GENERAL: Hier kannst du dir den Staat von unten ansehn.
HILSE: General, du bist zum Arbeiter befördert.
GENERAL: Dein Kreuz, Minister.
10   *Packt dem Minister seine Hucke auf. Ein Angestellter*
     hängt ein Spruchband auf WIR ERHÖHEN UNSERE NORM.
JUNGER MAURER: Habt ihr das gesehn.
GENERAL: Wir wolln schon wieder mehr arbeiten.
DICKER MAURER: Und
15   Für weniger Geld.
GENERAL: Und nicht mehr lange.
JUNGER MAURER: Du bist
     Der Held.
HILSE *zum General*:
20   Juckt dich dein braunes Fell.
GENERAL: Heil Stalin.
HILSE: Ich schlag dich tot.
GENERAL: Das hab ich auch gelernt.
     Der Angestellte kommt wieder und nimmt das Spruch-
25   *band weg.*
HILSE: Was soll das.
DICKER MAURER: Rein in die Kartoffeln, raus
     Aus den Kartoffeln.
ANGESTELLTER: Was weiß ich. Ich mach
30   Was mir gesagt wird.
MINISTER: Das ist der neue Kurs.
     Ich war dagegen. Jetzt bin ich dafür.
GENERAL: Soll ich euch sagen, was los ist. Die haben
     Die Hosen voll.
35 DICKER MAURER: Es liegt was in der Luft.
HILSE: Was für ein neuer Kurs.
MINISTER: Demokratie.
     Die Norm wird diskutiert, eh sie erhöht wird.

GENERAL: Hier ist nicht Rußland. Wir sind keine Kulis.

DICKER MAURER: Der Deutsche läßt sich viel gefalln. Nicht
  alles.

HILSE: Fürs Reden wirst du nicht bezahlt, General.
  Du auch nicht. Da gibts Arbeit. 5

GENERAL *Faust*:   Kennst du das noch
  Thälmann. WENN UNSER STARKER ARM ES WILL.

HILSE: Geh an die Arbeit oder geh vom Bau.
  Sirenen.

JUNGER MAURER: Ist wieder wer gestorben? 10

HILSE: Was ist los?

GENERAL: Noch nicht, mein Junge.

DICKER MAURER *zu Hilse*:   Dreimal darfst du raten.

STIMME: Kollegen, legt die Arbeit nieder. Streik.

GENERAL *zu Hilse*: Ich habs mir überlegt. Ich geh vom 15
  Bau. *Wirft ihm die Kelle vor die Füße.*

STIMME: Kollegen. Auf die Straße. Wir marschieren
  Zum Ministerium.

GENERAL: Jetzt wird deutsch geredet
  Mit den Genossen. 20

DICKER MAURER: Die verstehn bloß russisch.
  Lacht über seinen Witz.

GENERAL: Amerikanisch werden sie verstehn.

HILSE: Hier spricht RIAS Berlin.

MINISTER: Das geht zu weit, ja. 25

GENERAL *zu Hilse*:
  Wer fragt dich, Russenknecht.

DICKER MAURER *zu Hilse*:   Der Bart ist ab, Franz.

GENERAL:
  Mir nach, wer kein Streikbrecher sein will. 30
  Ab.

DICKER MAURER: Habt ihr
  Die Hosen voll.

JUNGER MAURER *zu Hilse*: Willst du allein arbeiten.

HILSE: Mich macht ihr nicht verrückt. 35

DICKER MAURER: Was ist mir dir
  Minister. Gehst du mit der Arbeiterklasse?
  Ich geb dir einen Rat: Wer nicht für uns ist
  Ist gegen uns.

JUNGER MAURER: Mein erster Streik. Ein Seemann
Muß alles kennen.
Geht, mit Kelle.
HILSE: Weißt du, wem du nachläufst.
5 JUNGER MAURER: Halt mir die Kelle, bis ich wiederkomm.
*Drückt ihm seine Kelle in die Hand. Hilse steht, in jeder
Hand eine Kelle.*
Junger Maurer ab.
HILSE: Ihr wollt Arbeiter sein.
10 DICKER MAURER *lacht*:   Wer? Ich?
MINISTER: Der Russe
Ist auch noch da.
DICKER MAURER: Ja, und der Amerikaner.
Ab.
15 MINISTER: Ich weiß nicht, ob das gutgeht. Aber so kanns
Nicht weitergehn!
Läßt seine Hucke fallen und geht ab.
HILSE: Mich macht ihr nicht verrückt.
Sortiert die zerbrochenen Steine aus, ersetzt sie, nimmt
20 *die Hucke auf.*
Aast mit dem Material. So was will streiken.
Arbeitet. Jugendliche, kahlköpfig, mit Fahrrädern.
ERSTER JUGENDLICHER: Hast du Tomaten auf den Augen,
Opa?
25 Heute ist schulfrei.
ZWEITER JUGENDLICHER: Der redet nicht mit uns.
DRITTER JUGENDLICHER: Paß auf, daß du dir keinen Bruch
hebst, Vater.
Akkord ist Mord.
30 ERSTER: Der hat nicht alle Tassen.
ZWEITER: Vater muß Mäuse machen, Mami braucht
Ein neues Becken.
DRITTER: So gehts schneller, Opa.
Wirft einen Stein auf Hilse, der Steine schleppt.
35 HILSE: Halbstarker. Macht, daß ihr vom Bau kommt.
ZWEITER: Opa
ist lebensmüde.
DRITTER: Das ist die letzte Warnung.
Danach wird scharf geschossen, Vater. Schmeiß hin.

ERSTER: Geh mit dem Volk, sonst kriegst du Ärger, Opa.

HILSE: Rotzjunge, was weißt du.

ERSTER *wütend, wirft einen Stein*: Alter Idiot.
Dir rieselt ja der Kalk schon aus den Ohren.
Mensch, der ist so verkalkt, aus dem kannst du   5
Schon nicht mal mehr Leim kochen.

ZWEITER: Schnell ins Grab,
Opa, sonst kriegst du keinen Platz mehr. Deine
Genossen stehn schon Schlange vor dem Friedhof.

HILSE *wütend:*   10
Wir haben für euch. Und ihr. Ihr –

DRITTER *kalt*:   Ich kenn welche
Die sitzen heute noch. Und morgen nicht mehr.

ERSTER: Opa ist rot geworden. Opa schämt sich.

ZWEITER: Opa ist immer rot. Opa ist rot   15
Bis auf die Knochen.

ERSTER *schnell*:   Das will ich sehn.
Wirft einen Stein.

ZWEITER: Vorbei.

ERSTER: Und jetzt. Und jetzt.   20
Wirft und trifft. Der alte Maurer blutet.

ZWEITER: Was hab ich dir gesagt.

ERSTER: Bis auf die Knochen.

                    He.

Plötzlicher Einfall.   Kannst du tanzen, Opa?   25
Improvisiert einen ROCK, *wirft im Rhythmus. Die andern
stimmen ein.*
*Alle drei werfen im Rock-Rhythmus Steine auf den
Maurer.*

ALLE DREI: Ja –   30

ZWEITER: Heb die Beinchen.

ALLE DREI: Ja.

DRITTER: Du lernst es, Opa.

ERSTER: Und schneller, Opa.

ZWEITER: Nicht einschlafen.   35

DRITTER: He.
Du wirst uns doch nicht umfalln.

ZWEITER: Opa schafft es.

DRITTER: Opa schafft alles.

ERSTER: Opa ist ein Stier
    In Marathon.
ZWEITER: Opa ist eine Wolke.
    Steinhagel und Finale. Der Maurer bricht zusammen.
5 ZWEITER: Sieht aus wie ein Arbeiterdenkmal.
ERSTER *tritt an den Maurer heran*:   Mensch.
    Der ist hinüber.
ZWEITER: Hast du was gesehn?
DRITTER: Ein Arbeitsunfall.
10 ZWEITER: Ja, Akkord ist Mord.
    Die drei schnell ab.

Die Brüder 1

Der Weserstrom trennte Römer und Cherusker. An dessen
Ufer trat Arminius mit den andern Häuptlingen, fragte, ob
15 der Cäsar da sei, und auf Bejahung bat er um Erlaubnis,
sich mit seinem Bruder zu unterreden. Dieser war wirklich
beim Heere, Flavus genannt; er war ein Mann, der sich
durch seine Ergebenheit und durch den Verlust eines
Auges bemerklich machte, welchen er wenige Jahre zuvor
20 unter Tibers Anführung erlitten. Er ging hin mit Erlaubnis,
trat vor und wurde von Arminius begrüßt, welcher nach
Entfernung seines Gefolges bat, daß man die an unserm
Ufer aufgestellten Bogenschützen zurückziehen möchte.
Nachdem die sich entfernt hatten, fragte er seinen Bruder,
25 woher er den Schaden im Gesichte habe? Und da dieser
den Ort und das Treffen nannte, fragte er weiter, welcher
Lohn ihm dafür geworden sei? Flavus gab Erhöhung des
Soldes, ein Halsband, einen Kranz und andere militärische
Ehrengeschenke an. Arminius spottete über so schlechten
30 Lohn seines Sklavendienstes.
Da begannen sie denn wider einander zu reden, der eine
von der Größe Roms, von des Cäsars Macht und dem
schweren Strafgerichte über die Besiegten, von der Gnade,
die seiner warte, wenn er sich unterwerfe, auch daß seine
35 Gattin und sein Sohn nicht als Feinde behandelt würden,
der andere dagegen von der Verpflichtung fürs Vaterland,
von dem alten Erbe der Freiheit, den heimatlichen deut-

36

schen Göttern, der Mutter gleichem Flehen: daß er doch
nicht seiner Blutsfreunde und Verwandten, ja des ganzen
Stammes Ausreißer und Verräter, statt sein Haupt sein
wolle. Allmählich gerieten sie ins Schelten und waren
daran, sich zu schlagen, ohne sich durch den Fluß zwischen 5
ihnen abhalten zu lassen, doch Stertinius eilte herbei und
hielt den Flavus, der zornerfüllt nach Waffen und Pferd
rief. Drüben sah man den Arminius mit drohenden Gebär-
den, wie er die Schlacht ankündigte. Denn gar vieles schrie
er manchmal auf lateinisch, weil er als Anführer seiner 10
Landsleute unter den Römern gedient hatte.
Tacitus, Annalen 0016

Die Brüder 2

Gefängnis

SCHLIESSER: Rein in die gute Stube. Mit Komfort 15
    Innentoilette und so weiter. *Auf das Zellenfenster*:
                  Fernsehn
    Haben wir auch. Wenn das Programm dir nicht
    Gefällt, bei uns kann jeder sich was wünschen.
BRÜCKENSPRENGER: 20
    Heute gefällts uns.
SCHLIESSER: Hast du was gesagt?
BRÜCKENSPRENGER:
    Warum fällt heute der Spaziergang aus.
SCHLIESSER: Ihr könntet euch erkälten. Das Barometer 25
    Steht auf ›veränderlich‹ seit gestern. Hier.
    Steckt dem Neuen eine Packung Zigaretten zu. Ab.
BRÜCKENSPRENGER:
    Dem geht der Arsch mit Grundeis.
DER NEUE *blickt auf die Zigaretten*:   Was ist los 30
Draußen.
GANDHI: Gib her. Die Zigaretten.
    Gandhi teilt Zigaretten aus. Übergeht den Nazi.
DER NEUE: Und der?
GANDHI: Der Nazi raucht nicht. 35
BRÜCKENSPRENGER: Warum bist du hier?
GANDHI: Der ist politisch.

BRÜCKENSPRENGER *zum Neuen*: Sozi?

GANDHI: Kommunist.

BRÜCKENSPRENGER: Hast du ein Haar gefunden in der Suppe?

5 Von einem Schnurrbart? Oder wars ein Spitzbart.
Schweigen.

GANDHI: Warum fragst du, was draußen los ist.

KOMMUNIST: Weil
Ichs wissen will.

10 GANDHI: Kommst du vom Mond.

KOMMUNIST: Was ist das.

GANDHI: Du fragst zu viel. Das haben wir nicht gern.

BRÜCKENSPRENGER:
Willst du die Sterne sehn?

15 NAZI *vortretend*: Das ist mein Bruder.

BRÜCKENSPRENGER: Der Rote?

GANDHI *lacht*: IN DER HEIMAT IN DER HEIMAT
DA GIBTS EIN WIEDERSEHN.

KOMMUNIST: Mein Bruder der Spitzel.

20 *Schweigen.*
Du hast es weit gebracht.

NAZI: So weit wie du.
*Pause. Volkslärm von draußen. Klopfchor im Gefängnis,
der während des Folgenden anhält.*

25 BRÜCKENSPRENGER *am Fenster*:
Jetzt dauerts nicht mehr lange.

KOMMUNIST *am Fenster*: Was ist das?

BRÜCKENSPRENGER:
Das ist der Volksaufstand.

30 KOMMUNIST: Die sind besoffen.

BRÜCKENSPRENGER:
Sag das noch mal, du roter Hund.

KOMMUNIST: Von Freibier.
Der Brückensprenger schlägt den Kommunisten nieder.

35 NAZI: Das ist der Brückensprenger. Sabotage.
Arbeiterklasse. Er kann dir erzählen
Wie euer Paradies von unten aussieht.

BRÜCKENSPRENGER: Und wenn ich hier heraus bin, mach ich mir

Die Finger nicht mehr dreckig. Dann gehts aufwärts.
Der Kommunist will den Brückensprenger nieder-
schlagen.
Gandhi baut sich vor ihm auf.
NAZI: Und das ist Gandhi. Lebenslänglich. Mord. 5
Gandhi arbeitet mit dem Messer. Leider
Hat er sein Messer grad nicht bei sich. Morgen
Hat er es wieder. Dann gehts auf ein Neues.
Die Nacht der langen Messer. Weißt du noch.
Ich stand in deiner Tür. Ich war dein Bruder. 10
Streckt die Hand aus. Der Bruder nimmt sie nicht.
Aber mein Bruder hatte keine Hand frei.
Ich bin dein Bruder.
KOMMUNIST: Ich hab keinen Bruder.
NAZI: 15
Besser, du machst das Licht aus, Bruder. Der Reichstag
Brennt hell genug, und heute ist die Nacht
Der langen Messer.
KOMMUNIST: Und was kriegt der Bluthund?
Mach deine Arbeit. Du kriegst meine Knochen 20
Wenn deine Fleischer mit mir fertig sind.
Wo sind sie. Hast du sie gleich mitgebracht.
NAZI: Ich hab sie mitgebracht. Willst du sie sehn.
Das sind sie. *Reißt sich die Jacke herunter, zeigt seinen*
Rücken, mit alten Narben bedeckt. 25
                Kennst du ihre Handschrift. Sie
Ist noch zu lesen. Sie war ausgebleicht
Von zwanzig Jahren, aber deine Freunde
Haben sie aufgefrischt, aus Alt mach Neu
Damit mein Bruder was zu lesen hat 30
Im Urlaub, den sie ihm verordnet haben
Damit er sich erholt vom Kommunismus.
Gandhi und der Brückensprenger lachen.
KOMMUNIST: Bei uns wird nicht geschlagen.
NAZI: Wer ist wir? 35
Nazi, Gandhi und der Brückensprenger lachen.
Und weißt du noch, wie man ein Spitzel wird.
Der Kurze Lehrgang im Gestapokeller.
Mir war er lang genug. Du hast es leichter,

Am Montag Kommunist, am Dienstag nicht mehr
Weil die Partei sagt, du bists nie gewesen.
Drei Wochen lang haben sie mich behandelt
Ich hab nur Blut gespien und keine Silbe.
5   Dann die Entlassung. Dann wieder der Keller.
Mein Fleisch war schon ein Fetzen, und kein Name.
Ich kam heraus, mich kannte keiner mehr.
Eine Verhaftung, und ich war der Spitzel.
Wer wußte, daß ich nicht gesungen hab.
10 Und als ich wieder in den Keller ging
In meinem Rücken nur noch meinen Rücken
Ging ich allein, für euch war ich der Spitzel.
Als ich herauskam, wars der Spitzel, der
Herauskam, auf dem Rücken seine Leiche
15 Die auf dem Rücken andre Leichen trug
Zerfleischt wie meiner und zerfleischt von mir.
KOMMUNIST: Du kannst die Jacke wieder anziehn, Spitzel.
BRÜCKENSPRENGER: Soll ich dem Roten zeigen, wer am
        Zug ist.
20 NAZI: Er wirds schon merken, wenn wir draußen sind.
Volkslärm lauter. Wortsalat aus FREIHEIT DEUTSCH
TOTSCHLAGEN AUFHÄNGEN.
KOMMUNIST: Warum schießen sie nicht. Das kann nicht
        wahr sein.
25 *Trommelt an die Tür.*
Genossen, haltet das Gefängnis. Schießt.
GANDHI: Das hast du nicht gesehn. Das glaubst du nicht.
Willst du die Zeit absitzen, du Idiot.
NAZI: Deine Genossen haben sich verkrochen.
30 BRÜCKENSPRENGER:
Wir werden sie schon finden. Und dann wird
Geflaggt mit den Genossen. Die Fahne hoch.
Heute wird Platz an jeder Fahnenstange.
NAZI *zu seinem Bruder*:
35 Dich hängen wir auf halbmast.
KOMMUNIST: Warum hab
Ich jetzt nicht den Revolver, mit dem ich
Dich nicht erschossen hab vor zwanzig Jahren.
Könnt ich die Zeit zurückdrehn.

GANDHI: Nimm das Messer.
Es geht auch mit den Händen. Aber das will
Gelernt sein. Wenn du willst, bring ichs dir bei.
Legt ihm die Hände um den Hals.
NAZI: Die Reue kommt zu spät. Man stirbt nur einmal   5
Und ich habs hinter mir. Ich bin gestorben.
Als ich aus deiner Tür ging in der Nacht
Der langen Messer und aus deiner Hand
Fiel der Revolver auf die Dielenbretter
Laut wie kein Schuß, den ich gehört hab vor   10
Und nachher, und die Kugel für den Spitzel
Um die dein Bruder auf den Knien gerutscht war
War noch im Lauf.
KOMMUNIST: Ich brech dir alle Knochen
NAZI: Im Knochenbrechen war ich Spezialist.   15
Männer, Frauen und Kinder in Orel.
KOMMUNIST: Ich wollte mir die Hand nicht dreckig ma-
chen.
NAZI: Und jetzt klebt Blut dran. Das ist der Lauf der Welt.
Mach dir nichts draus, sie ist ein Schlachthaus, Bruder.   20
Wenn du was sehn willst hier, was Zukunft hat
Geh lieber gleich in eine Sargfabrik.
Weißt du, wie euer Sozialismus aussieht
Da wo das Herz so frei dem Menschen schlägt.
BRÜCKENSPRENGER: Weil sie nichts auf den Rippen haben,   25
darum.
KOMMUNIST: Ihr Schweine. Ihr dreckigen Schweine.
GANDHI: Vorsicht
Hier bist du in der Minderheit, Genosse.
NAZI: Hoffentlich klappt es, eh der Russe eingreift.   30
BRÜCKENSPRENGER: Und wenn. Der Ami läßt uns nicht im
Stich.
GANDHI: Gegen den Deutschen sind sie alle einig.
BRÜCKENSPRENGER: Die werden sich wundern, was im
Deutschen steckt.   35
KOMMUNIST: Kann sein, dich wundert nichts mehr, wenns
herauskommt.
BRÜCKENSPRENGER: Lump. Vaterlandsverräter.
Russenknecht.

KOMMUNIST: Das hab ich auch schon mal gehört, Kollege.
Wir wurden auf dem Rennsteig transportiert
Aus einem Lager in ein andres Lager
Auf LKWs, bewacht von der SA
5   Mit Handschelln durch die schöne deutsche Heimat.
Es war im Frühjahr. Alle deutschen Vögel
Waren im Einsatz, und der deutsche Wald
War grün wie nur der deutsche Wald, und nur
Der Wind hatte kein Vaterland und wir nicht.
10 Unsre Bewacher hatten Durst. Sie hielten
An jedem dritten Ausschank, tankten Bier
Schlugen ihr Wasser ab und tankten wieder.
Für uns hatten sie sich was ausgedacht.
Bei jedem Halt führten sie uns dem Volk vor
15 Zum Anspein. Seht die Vaterlandsverräter.
Der deutschen Mutter wollen sie das Kind
Wegnehmen und dem deutschen Mann die Frau.
Und weiter im Gesangbuch. Und sie kamen
Kinder im Bauch und Kinder auf dem Arm
20 Und spien uns ihren Speichel ins Gesicht
Wir konntens nicht wegwischen mit den Handschelln.
Und vor die Kinder mußten wir uns hinknien,
Beim dritten Halt konnt ich vor deutschem Speichel
Die schöne deutsche Heimat nicht mehr sehn.
25 *Gandhi und der Brückensprenger lachen.*
Und mit geschloßnen Augen sah ich mehr.
Ich sah die deutschen Vögel scheißen auf
Den grünen deutschen Wald in Formation
Und ihre Scheiße explodierte und
30 Das Grün war Asche hinter ihrem Flug.
Die deutschen Kinder krochen aus den Bäuchen
Der deutschen Mütter, rissen mit den Zähnen
Den deutschen Vätern die deutschen Schwänze aus
Und pißten auf die Wunde mit Gesang.
35 Dann hängten sie sich an die Mutterbrust
Und soffen Blut, solang der Vorrat reichte.
Und dann zerfleischten sie sich eins das andre.
Zuletzt ersoffen sie im eignen Blut
Weil es der deutsche Boden nicht mehr faßte.

NAZI: Singst du den alten Psalm. Was siehst du jetzt.
Spuckt ihm ins Gesicht. Volkslärm wird leiser und ent-
fernt sich schnell. Geräusch von Panzern. Klopfchor aus.
BRÜCKENSPRENGER:
    He. Habt ihr das gehört. 5
NAZI: Verdammt.
GANDHI: Was ist das.
KOMMUNIST: Das sind die Panzer. Der Spuk ist vorbei.
    Und ihr bleibt, wo ihr hingehört.
NAZI: Mit dir. 10
    Hörst du sie gern, die Internationale
    Wenn sie gesungen wird mit Panzerketten.
KOMMUNIST: So gern wie heute hab ich sie nie gehört
    Gesungen von den Panzerketten, Spitzel.
BRÜCKENSPRENGER: Und gleich kannst du die Engel 15
    singen hörn.
    Wenigstens einer soll dran glauben heute.
GANDHI: Der wills nicht anders. Seinen Kommunismus
    Erlebt er sowieso nicht.
KOMMUNIST: Wer bin ich. 20
Die drei stürzen sich auf ihn.

Nachtstück

Auf der Bühne steht ein Mensch. Er ist überlebensgroß,
vielleicht eine Puppe. Er ist mit Plakaten bekleidet. Sein
Gesicht ist ohne Mund. Er betrachtet seine Hände, bewegt 25
die Arme, probiert seine Beine aus. Ein Fahrrad, von dem
Lenkstange oder Pedale oder beides oder Lenkstange,
Pedale und Sattel entfernt worden sind, fährt von rechts
nach links schnell über die Bühne. Der Mensch, der
vielleicht eine Puppe ist, läuft hinter dem Fahrrad her. 30
Eine Schwelle fährt aus dem Bühnenboden. Er stolpert
darüber und fällt. Auf dem Bauch liegend sieht er das
Fahrrad verschwinden. Die Schwelle verschwindet von ihm
ungesehn. Wenn er aufsteht und sich nach der Ursache für
seinen Sturz umsieht, ist der Bühnenboden wieder glatt. 35
Sein Verdacht fällt auf seine Beine. Er versucht sie sich im
Sitzen auszureißen, in der Rückenlage, aus dem Stand. Die

Ferse am Gesäß, den Fuß mit beiden Händen packend,
reißt er sich das linke Bein aus, dabei aufs Gesicht gefallen
in der Bauchlage das rechte. Er liegt noch auf dem Bauch,
wenn das Fahrrad von links nach rechts langsam an ihm
5 vorbei über die Bühne fährt. Er bemerkt es zu spät und
kann es kriechend nicht einholen. Sich aufrichtend und
seinen schwankenden Rumpf mit den Händen abstützend,
macht er die Entdeckung, daß er seine Arme zur Fortbewe-
gung gebrauchen kann, wenn er den Rumpf in Schwung
10 bringt, nach vorn wirft, mit den Händen nachgreift usw. Er
übt die neue Gangart. Er wartet auf das Fahrrad, erst am
rechten, dann am linken Portal. Das Fahrrad kommt nicht.
Der Mensch, der vielleicht eine Puppe ist, reißt sich, den
rechten mit der linken und den linken mit der rechten
15 Hand, gleichzeitig beide Arme aus. Hinter ihm fährt bis in
Kopfhöhe die Schwelle aus dem Bühnenboden, diesmal
damit er nicht fällt. Vom Schnürboden kommt das Fahrrad
und bleibt vor ihm stehen. An die kopfhohe Schwelle
gelehnt, betrachtet der Mensch, der vielleicht eine Puppe
20 ist, seine Beine und Arme, die weit verstreut auf der Bühne
herumliegen, und das Fahrrad, das er nicht mehr gebrauchen kann. Er weint mit jedem Auge eine Träne. Zwei
Beckett-Stachel in Augenhöhe werden von rechts und links
hereingefahren. Sie halten am Gesicht des Menschen, der
25 vielleicht eine Puppe ist, er braucht nur den Kopf zu
wenden, einmal nach rechts, einmal nach links, den Rest
besorgt der Stachel. Die Stachel werden hinausgefahren,
jeder ein Auge auf der Spitze. Aus den leeren Augenhöhlen des Menschen, der vielleicht eine Puppe ist, krie-
30 chen Läuse und verbreiten sich schwarz über sein Gesicht.
Er schreit. Der Mund entsteht mit dem Schrei.

Tod in Berlin 1

Ein Armenkirchhof ragt, schwarz, Stein an Stein.
Die Toten schaun den roten Untergang
35 Aus ihrem Loch. Er schmeckt wie starker Wein.
Sie sitzen strickend an der Wand entlang
Mützen aus Ruß dem nackten Schläfenbein
Zur Marseillaise, dem alten Sturmgesang.   *(Georg Heym)*

44

Tod in Berlin 2

Krebsstation. Hilse. Der junge Maurer.

JUNGER MAURER:
  Wie gehts dir, Alter?
HILSE: Wenn du mich fragst, mir   5
  Gehts nicht gut. Aber ich bin bloß die Hälfte
Von mir, die andre hat der Krebs gefressen.
  Und wenn du meinen Krebs fragst, dem gehts gut.
JUNGER MAURER:
  Das hab ich nicht gewußt. Ich hab gedacht   10
  Das sind die Steine, die sie auf dem Bau
  Auf deinen Knochen abgeladen haben
  Vor vierzehn Tagen, weil du nicht gestreikt hast.
HILSE: Das hab ich auch gedacht. Jetzt weiß ichs besser.
  Wenn du dich erst einläßt mit den Weißkitteln.   15
  Die finden was. Die lassen keinen aus.
JUNGER MAURER: Scheiß auf den Krebs. Der hört auch
  wieder auf.
HILSE: Du bist kein Doktor. Du brauchst nicht zu lügen.
  Wir sind eine Partei, mein Krebs und ich.   20
  Hier meine Hand greift keine Kelle mehr.
  Mein letztes Bier stinkt auf den Rieselfeldern
  Soll ich dir sagen, was ich noch mal möchte.
  Das ist das einzige auf der Welt, mein Junge
  Wovon du nicht genug kriegst. Meine Hand drauf.   25
  Mir kannst dus glauben. Ich hab alles durch.
JUNGER MAURER: Ja.
  Was soll ich machen. Sie ist eine Hure.
  Ich hab gedacht, sie ist die Heilige Jungfrau.
  Und angegeben mit ihr wie ein Idiot   30
  Und keiner hat mir was gesagt, und alle
  Habt ihrs gewußt, du auch, und krumm gelacht
  Habt ihr euch über den Idioten, der
  Sich eine Hure aus dem Rinnstein fischt
  Und präsentiert sie als die Heilige Jungfrau.   35
  Habt ihr ihn alle dringehabt bei ihr.
  Weißt du, was das für ein Gefühl ist, Alter
  Wenn du mit einem Engel durch Berlin gehst

45

Du denkst, sie ist ein Engel, schön wie keine
Die du gehabt hast vor ihr, und ich kann sie
Nicht an den Fingern abzähln, aber so
War keine, wenn du ihre Beine siehst
5   Zum Beispiel, bist du schon besoffen, und
Jetzt gehst du durch Berlin mit ihr, und alles
Was einen Schwanz hat, dreht sich um nach ihr, und
Bei jedem, der sich nach ihr umdreht, denkst du
Vielleicht hat er ihn dringehabt bei ihr.
10   Wenn dir zum Beispiel einer sagt, deine
Partei, für die du dich geschunden hast
Und hast dich schinden lassen, seit du weißt
Wo rechts und links ist, und jetzt sagt dir einer
Daß sie sich selber nicht mehr ähnlich sieht
15   Deine Partei, vor lauter Dreck am Stecken
Du gehst die Wände hoch und ohne Aufzug.
KOMM ZU MIR AUS DEM RINNSTEIN. Gestern hat sies mir
Gesagt. Alles. Und ich hab nicht gewußt
Bis gestern, wie lang eine Nacht ist. Und jetzt
20   Kommt das Verrückte: Alles ist wie vorher.
Ich bin besoffen, wenn ich sie bloß ansen.
KOMM ZU MIR AUS DEM RINNSTEIN. Bloß manchmal
                                    wird mir
Ein Messer umgedreht zwischen den Rippen.
25   KOMM ZU MIR AUS DEM RINNSTEIN. Ich hab sie gefragt
Ob sie schon eine Leitung legen kann
WASSER FÜR CANITOGA Schwanz an Schwanz.
Frag mich warum. Weißt du, was sie gesagt hat.
»Ich hab sie nicht gezählt.« – Was soll ich machen.
30   Sie kriegt ein Kind. Sie sagt, es ist von mir.
HILSE: Hast du sie mitgebracht.
JUNGER MAURER: Sie wartet draußen.
      *Ab. Herzton. Das Sterben beginnt. Der junge Maurer
      kommt zurück mit dem Mädchen.*
35   HILSE: Die rote Rosa. So trifft man sich wieder.
      Hat dir die Spree das Blut schon abgewaschen.
      Bleich siehst du aus. Haben sie dir zugesetzt
      Die Ratten im Landwehrkanal. Die Hunde.
      Die feigen Hunde. Die sind schlimmer als

Die Ratten. Und ich wett mit jedem, du
Warst lieber zwischen den Abwässern aus
Den Knochenmühlen, wo dich jeder kennt, als
Im EDEN. Ja, so sieht ihr Paradies aus.
Das Paradies der Schieber und der Schlächter.   5
MÄDCHEN: Was redet der.
JUNGER MAURER: Ich sags dir nachher. Laß ihn.
HILSE: Das Wasser hat dich nicht behalten, Rosa.
    Und wenn sie aus uns allen Seife machen
    Dein Blut wäscht ihnen keine Seife ab.   10
    Wars kalt im Schauhaus. Weißt du auch, Genossin
    Daß ich dich aus der Nähe erst gesehn hab
    Ich meine so wie jetzt, im Januar
    Als deine Augen blind warn, auf der Bahre.
    Wir gingen dran vorbei zwölf Stunden lang   15
    Dann hinter euren Särgen durch Berlin
    Und kein Wort und der Himmel war aus Blei.
    Jetzt siehst du jünger aus. *Verschmitzt*: Ich weiß warum.
    Erkennst du mich. Ich bin der ewige Maurer.
    Die Pyramiden in Ägypten, eine   20
    Festung gegen die Zeit, sind meine Handschrift.
    Rom hab ich auch gebaut, auf sieben Bergen
    Nach jedem Brand neu und nach jedem Krieg neu.
    Das Kapitol zum Beispiel und die Säule
    An der sich Cäsar ausgeblutet hat   25
    Die dreiundzwanzig Messer in den Rippen.
    Und dann die Wolkenkratzer in New York.
    Und immer war es für die Kapitalisten
    Zehntausend Jahre lang. Aber in Moskau
    War ich zum erstenmal mein eigner Chef: 30
    Die Metro. Hast du sie gesehn. Und jetzt
    Hab ich die Kapitalisten eingemauert
    Ein Stein ein Kalk. Wenn du noch Augen hättest
    Könntst du durch meine Hände scheinen sehn
    Die roten Fahnen über Rhein und Ruhr.   35
JUNGER MAURER: Du mußt was sagen. Irgendwas.
    Der stirbt jetzt.
MÄDCHEN: Ich kann sie ohne Augen sehn –
    Der junge Maurer souffliert.

47

MÄDCHEN: Genosse.
Die roten Fahnen – *Der junge Maurer souffliert.*
Über Rhein und Ruhr.   *Der sterbende Maurer lächelt.*
HILSE: Ists euch zu still draußen in Friedrichsfelde.
5 MÄDCHEN: Nein. Manchmal hören wir die Kinder spielen.
Sie spielen Maurer und Kapitalist.
HILSE *lacht*:
Und keiner will der Kapitalist sein.
MÄDCHEN: Ja.
10 *Der Herzton hat aufgehört. Stille.*

Motiv bei A. S.

Debuisson auf Jamaika
Zwischen schwarzen Brüsten
In Paris Robespierre
15 Mit zerbrochenem Kinn.
Oder Jeanne d'Arc als der Engel ausblieb
Immer bleiben die Engel aus am Ende
FLEISCHBERG DANTON KANN DER STRASSE
KEIN FLEISCH GEBEN
20 SEHT SEHT DOCH DAS FLEISCH AUF DER
STRASSE
JAGD AUF DAS ROTWILD IN DEN GELBEN
SCHUHN.
Christus. Der Teufel zeigt ihm die Reiche der Welt
25 WIRF DAS KREUZ AB UND ALLES IST DEIN.
In der Zeit des Verrats
Sind die Landschaften schön.

Der Auftrag

Erinnerung an eine Revolution

Das Stück verwendet Motive aus der Erzählung ›Das Licht auf dem Galgen‹ von Anna Seghers.

Personen 5

GALLOUDEC
DEBUISSON
SASPORTAS
ANTOINE
MATROSE 10
FRAU
ERSTELIEBE

Galloudec an Antoine. Ich schreibe diesen Brief auf meinem Totenbett. Ich schreibe in meinem Namen und im Namen des Bürgers Sasportas, der gehängt worden ist in 15 Port Royal. Ich teile Ihnen mit, daß wir den Auftrag zurückgeben müssen, den der Konvent durch Ihre Person uns erteilt hat, da wir ihn nicht erfüllen konnten. Vielleicht richten andere mehr aus. Von Debuisson werden Sie nichts mehr hören, es geht ihm gut. Es ist wohl so, daß die 20 Verräter eine gute Zeit haben, wenn die Völker in Blut gehn. So ist die Welt eingerichtet, und es ist nicht gut so. Entschuldigen Sie meine Schrift, sie haben mir ein Bein abgenommen, und ich schreibe im Fieber. Ich hoffe, daß dieser Brief Sie bei guter Gesundheit antrifft, und ver- 25
bleibe mit republikanischem Gruß.

Matrose. Antoine. Frau.
MATROSE: Sind Sie der Bürger Antoine. Dann ist das hier ein Brief für Sie. Von einem Galloudec. Es ist nicht meine Schuld, wenn der Brief schon alt ist, und vielleicht 30 hat sich die Angelegenheit erledigt. Die Spanier haben

uns festgehalten auf Kuba, dann der Engländer in
Trinidad, bis euer Konsul Bonaparte den Frieden
gemacht hat mit England. Dann haben sie mich ausge-
raubt in London auf der Straße, weil ich betrunken war,
5   aber den Brief nicht gefunden. Was diesen Galloudec
angeht: Er wird nicht mehr älter. Er ist krepiert in einem
Hospital auf Kuba, halb Gefängnis und halb Hospital.
Er lag dort mit einem Wundbrand, ich mit Fieber. NIMM
DEN BRIEF ER MUSS ANKOMMEN UND WENN ES DAS
10   LETZTE IST WAS DU MACHST DAS MUSST DU FÜR MICH
TUN war das letzte, was er zu mir gesagt hat. Und die
Adresse von einem Büro und Ihr Name, wenn Sie dieser
Antoine sind. Aber dort gibt es kein Büro mehr, und
von Ihnen, wenn das Ihr Name ist, Antoine, weiß auch
15   niemand etwas, da, wo das Büro war. Einer, der hinter
den Baugerüsten in einem Keller wohnt, hat mich in eine
Schule geschickt, wo ein Antoine als Lehrer gearbeitet
haben soll. Aber da wußten sie auch nichts von dem.
Dann hat mir eine Aufräumfrau gesagt, ihr Neffe hat Sie
20   hier gesehn. Er ist Fuhrmann. Und er hat Sie mir
beschrieben, wenn Sie der sind.
   ANTOINE: Ich kenne keinen Galloudec.
   MATROSE: Ich weiß nicht, was ihm an dem Brief so wichtig
war. Etwas mit einem Auftrag. Den er zurückgeben
25   muß, damit andre seine Arbeit weitermachen. Was
immer das für eine Arbeit war. Er hat zuletzt von nichts
anderm mehr geredet. Außer wenn er gebrüllt hat, und
das war der Wundschmerz. Der kam in Wellen. Und
lang genug hat es gedauert, bis er mit dem Sterben fertig
30   war. Der Doktor sagte, sein Herz ist zu stark, er müßte
zehnmal tot sein. Manchmal hält der Mensch zu wenig
aus, manchmal zu viel. Das Leben ist eine Gemeinheit.
Der andre, von dem er in seinem Brief schreibt, ein
Neger, hat einen schnellern Tod gehabt. Den Brief hat
35   er mir vorgelesen, Galloudec, damit ich ihn auswendig
weiß, im Fall, er geht verloren. Und wenn Sie ihn immer
noch nicht kennen, will ich Ihnen erzählen, was sie mit
ihm gemacht haben und wie er gestorben ist, Sie waren
nicht dabei. Erst haben sie ihm ein Bein bis zum Knie

abgeschnitten, dann den Rest. Es war das linke. Dann

ANTOINE: Ich weiß von keinem Auftrag. Ich vergebe keine
Aufträge, ich bin kein Herr. Ich verdiene mein Geld mit
Privatstunden. Es ist wenig. Und Schlächtereien habe
ich genug gesehn. Ich kenne mich aus in der Anatomie 5
des Menschen. Galloudec.

Frau mit Wein, Brot, Käse

FRAU: Du hast Besuch. Ich habe einen Orden verkauft.
Den für die Vendée, wo ihr die Bauern totgeschlagen
habt für die Republik. 10

ANTOINE: Ja.

MATROSE: Soweit ich sehe, haben Sie noch alles. Im
Gegensatz zu diesem Galloudec, den Sie nicht kennen
und der tot ist wie ein Stein. Der andre hieß Sasportas.
Ihn haben sie aufgehängt in Port Royal, wenn Sie es 15
wissen wollen, für den Auftrag, von dem Sie nichts
wissen, auf Jamaika. Der Galgen steht auf einem Kliff.
Wenn sie tot sind, werden sie abgeschnitten und fallen
ins Meer. Den Rest besorgen die Haie. Danke für den
Wein. 20

ANTOINE: Sasportas. Ich bin der Antoine, den du gesucht
hast. Ich muß vorsichtig sein, Frankreich ist keine
Republik mehr, unser Konsul ist Kaiser geworden und
erobert Rußland. Mit vollem Mund redet es sich leichter
über eine verlorene Revolution. Blut, geronnen zu 25
Medaillenblech. Die Bauern wußten es auch nicht besser, wie. Und vielleicht hatten sie recht, wie. Der
Handel blüht. Denen auf Haiti geben wir jetzt ihre Erde
zu fressen. Das war die Negerrepublik. Die Freiheit
führt das Volk auf die Barrikaden, und wenn die Toten 30
erwachen, trägt sie Uniform. Ich werde dir jetzt ein
Geheimnis verraten: Sie ist auch nur eine Hure. Und ich
kann schon darüber lachen. Hahaha. Aber hier ist etwas
leer, das hat gelebt. Ich war dabei, als das Volk die
Bastille gestürmt hat. Ich war dabei, als der Kopf des 35
letzten Bourbonen in den Korb fiel. Wir haben die
Köpfe der Aristokraten geerntet. Wir haben die Köpfe
der Verräter geerntet.

FRAU: Schöne Ernte. Bist du wieder betrunken, Antoine.

ANTOINE: Es paßt ihr nicht, wenn ich von meiner großen
Zeit rede. Vor mir hat die Gironde gezittert. Sieh sie dir
an, mein Frankreich. Die Brüste ausgelaugt. Zwischen
den Schenkeln die Wüste. Ein totes Schiff in der
5   Brandung des neuen Jahrhunderts. Siehst du, wie sie
schlingt. Frankreich braucht ein Blutbad, und der Tag
wird kommen.
Antoine gießt sich Rotwein über den Kopf.
MATROSE: Davon verstehe ich nichts. Ich bin Matrose, ich
10   glaube nicht an Politik. Die Welt ist überall anders. Das
ist der Brief. *Geht.*
ANTOINE *schreit*: Sei vorsichtig, Matrose, wenn du aus
meinem Haus gehst. Die Polizisten unseres Ministers
Fouché fragen dich nicht, ob du an Politik glaubst. –
15   Galloudec, Sasportas. Wo ist dein Bein, Galloudec.
Warum hängt dir die Zunge aus dem Hals, Sasportas.
Was wollt ihr von mir. Kann ich für deinen Beinstumpf.
Und für deinen Strick. Soll ich mir ein Bein abschneiden. Willst du, daß ich mich danebenhänge. Frag deinen
20   Kaiser, Galloudec, nach deinem Bein. Zeig deinem
Kaiser die Zunge, Sasportas. Er siegt in Rußland, ich
kann euch den Weg zeigen. Was wollt ihr von mir. Geht.
Geht weg. Verschwindet. Sag du es ihnen, Frau. Sag
ihnen, sie sollen weggehen, ich will sie nicht mehr sehn.
25   Seid ihr noch da. Dein Brief ist angekommen, Gallou-
dec. Das ist er. Ihr habt es jedenfalls hinter euch. ES
LEBE DIE REPUBLIK. *Lacht.* Ihr denkt, mir geht es gut,
wie. Habt ihr Hunger. Da *Wirft Essen auf die Toten.*
FRAU: Komm ins Bett, Antoine.
30 ANTOINE:
DAS IST DIE HIMMELFAHRT FÜR WENIG GELD
IM GITTERWERK DER BRUST SOLANG ES HÄLT
DAS HERZ DER HUND
Während des Beischlafs tritt der Engel der Verzweiflung
35   *auf.*
ANTOINE *Stimme*: Wer bist du.
FRAU *Stimme*: Ich bin der Engel der Verzweiflung. Mit
meinen Händen teile ich den Rausch aus, die Betäu-
bung, das Vergessen, Lust und Qual der Leiber. Meine

Rede ist das Schweigen, mein Gesang der Schrei. Im Schatten meiner Flügel wohnt der Schrecken. Meine Hoffnung ist der letzte Atem. Meine Hoffnung ist die erste Schlacht. Ich bin das Messer, mit dem der Tote seinen Sarg aufsprengt. Ich bin, der sein wird. Mein Flug ist der Aufstand, mein Himmel der Abgrund von morgen.

Wir waren auf Jamaika angekommen, drei Emissäre des französischen Konvents, unsre Namen: Debuisson, Galloudec, Sasportas, unser Auftrag: ein Sklavenaufstand gegen die Herrschaft der britischen Krone im Namen der Republik Frankreich. Die das Mutterland der Revolution ist, der Schrecken der Throne, die Hoffnung der Armen. In der alle Menschen gleich sind unter dem Beil der Gerechtigkeit. Die kein Brot hat gegen den Hunger ihrer Vorstädte, aber Hände genug, die Brandfackel der Freiheit Gleichheit Brüderlichkeit in alle Länder zu tragen. Wir standen auf dem Platz am Hafen. In der Mitte des Platzes war ein Käfig aufgestellt. Wir hörten den Wind vom Meer, das harte Rauschen der Palmblätter, das Fegen der Palmwedel, mit denen die Negerinnen den Staub vom Platz kehrten, das Stöhnen des Sklaven im Käfig, die Brandung. Wir sahen die Brüste der Negerinnen, den blutig gestriemten Leib des Sklaven im Käfig, den Gouverneurspalast. Wir sagten: Das ist Jamaika, Schande der Antillen, Sklavenschiff in der Karibischen See.

SASPORTAS: Bis wir mit unsrer Arbeit fertig sind.
GALLOUDEC: Du kannst gleich anfangen. Bist du nicht hergekommen, um die Sklaven zu befrein. Das in dem Käfig ist ein Sklave. Morgen wird er es gewesen sein, wenn er heute nicht befreit wird.
DEBUISSON: Sie stellen sie in den Käfigen aus, wenn sie versucht haben wegzulaufen oder für andre Verbrechen, zur Abschreckung, bis die Sonne sie wegdorrt. Das war schon so, als ich von Jamaika wegging, vor zehn Jahren. Sieh nicht hin, Sasportas, einem können wir nicht helfen.

GALLOUDEC: Immer stirbt nur einer. Gezählt werden die Toten.

DEBUISSON: Der Tod ist die Maske der Revolution.

SASPORTAS: Wenn ich von hier weggehe, werden andere in den Käfigen hängen, mit weißer Haut, bis die Sonne sie schwarz brennt. Dann wird vielen geholfen sein.

GALLOUDEC: Vielleicht stellen wir lieber eine Guillotine auf. Das ist reinlicher. Die Rote Witwe ist das beste Scheuerweib.

DEBUISSON: Die Geliebte der Vorstädte.

SASPORTAS: Ich bleibe dabei, daß ein Käfig eine gute Sache ist, wenn die Sonne hoch genug steht, für eine weiße Haut.

GALLOUDEC: Wir sind nicht hier, um einander unsre Hautfarbe vorzuhalten, Bürger Sasportas.

SASPORTAS: Wir sind nicht gleich, eh wir einander nicht die Häute abgezogen haben.

DEBUISSON: Das war ein schlechter Anfang. Nehmen wir unsre Masken vor. Ich bin, der ich war: Debuisson, Sohn von Sklavenhaltern auf Jamaika, mit Erbrecht auf eine Plantage mit vierhundert Sklaven. Heimgekehrt in den Schoß der Familie, um sein Erbe anzutreten, aus dem verhangenen Himmel Europas, trüb vom Qualm der Brände und Blutdunst der neuen Philosophie, in die reine Luft der Kariben, nachdem die Schrecken der Revolution ihm die Augen geöffnet haben für die ewige Wahrheit, daß alles Alte besser als alles Neue ist. Übrigens bin ich Arzt, ein Helfer der Menschheit ohne Ansehn der Person, Herrn oder Sklaven. Ich heile den einen für den andern, damit alles bleibt, wie es ist, solang es dauert, mein Gesicht das rosige Gesicht des Sklavenhalters, der auf dieser Welt nichts zu fürchten hat als den Tod.

SASPORTAS: Und seine Sklaven.

DEBUISSON: Wer bist du, Galloudec.

GALLOUDEC: Ein Bauer aus der Bretagne, der die Revolution hassen gelernt hat im Blutregen der Guillotine, ich wollte, der Regen wäre reichlicher gefallen, und nicht nur auf Frankreich, treuer Diener des gnädigen Herrn Debuisson, und glaube an die heilige Ordnung der

Monarchie und der Kirche. Ich hoffe, ich werde das nicht zu oft beten müssen.

DEBUISSON: Du bist zweimal aus der Rolle gefallen, Galloudec. Wer bist du.

GALLOUDEC: Ein Bauer aus der Bretagne, der die Revolution hassen gelernt hat im Blutregen der Guillotine. Treuer Diener des gnädigen Herrn Debuisson. Ich glaube an die heilige Ordnung der Monarchie und der Kirche.

SASPORTAS *parodiert*: Ich glaube an die heilige Ordnung der Monarchie und der Kirche. Ich glaube an die heilige Ordnung der Monarchie und der Kirche.

DEBUISSON: Sasportas. Deine Maske.

GALLOUDEC: Dir sollte es nicht schwerfallen, den Sklaven zu spielen, Sasportas, in deiner schwarzen Haut.

SASPORTAS: Auf der Flucht vor der siegreichen schwarzen Revolution auf Haiti habe ich mich dem Herrn Debuisson angeschlossen, weil Gott mich für die Sklaverei geschaffen hat. Ich bin sein Sklave. Genügt das.

Galloudec applaudiert.

SASPORTAS: Beim nächsten Mal werde ich dir mit dem Messer antworten, Bürger Galloudec.

GALLOUDEC: Ich weiß, daß du die schwerste Rolle spielst. Sie ist dir auf den Leib geschrieben.

SASPORTAS: Mit den Peitschen, die ein neues Alphabet schreiben werden auf andre Leiber in unsrer Hand.

DEBUISSON: Siegreiche Revolution ist nicht gut. So etwas sagt man nicht vor Herren. Schwarze Revolution ist auch nicht gut. Schwarze machen einen Aufruhr, wenn es hochkommt, keine Revolution.

SASPORTAS: Hat die Revolution nicht gesiegt auf Haiti. Die schwarze Revolution.

DEBUISSON: Es ist der Abschaum, der gesiegt hat. Auf Haiti herrscht der Abschaum.

Sasportas spuckt.

DEBUISSON: Du spuckst in die falsche Richtung: ich bin dein Herr. Sag es jetzt.

SASPORTAS: Auf der Flucht vor dem Abschaum, der Haiti in eine Kloake verwandelt hat.

GALLOUDEC: Kloake ist gut. Du lernst schnell, Sasportas.
DEBUISSON: Nimm deine Hände vom Gesicht und sieh das
Fleisch an, das in diesem Käfig stirbt. Du auch, Galloudec. Es ist dein und dein und mein Fleisch. Sein Stöhnen
5 ist die Marseillaise der Leiber, auf denen die neue Welt
gebaut wird. Lernt die Melodie. Wir werden sie noch
lange hören, freiwillig oder nicht, es ist die Melodie der
Revolution, unsrer Arbeit. Viele werden in diesem
Käfig sterben, bevor unsre Arbeit getan ist. Viele
10 werden in diesem Käfig sterben, weil wir unsre Arbeit
tun. Das ist, was wir für unsersgleichen tun mit unsrer
Arbeit, und vielleicht nur das. Unser Platz ist der Käfig,
wenn unsre Masken reißen vor der Zeit. Die Revolution
ist die Maske des Todes. Der Tod ist die Maske der
15 Revolution.

Ein riesiger Neger tritt auf.

DEBUISSON: Das ist der älteste Sklave meiner Familie. Er
ist taub und stumm, etwas zwischen Mensch und Hund.
Er wird in den Käfig spucken. Vielleicht solltest du das
20 auch tun, Sasportas, damit du deine schwarze Haut
hassen lernst für die Zeit, in der wir es brauchen. Dann
wird er mir die Schuhe küssen, er leckt sich schon die
Lippen, seht ihr, und auf seinem Rücken mich, seinen
alten und neuen Herrn, in das Haus meiner Väter
25 tragen, grunzend vor Wonne. Die Familie öffnet ihren
Schoß, morgen beginnt unsre Arbeit.
*Der riesige Neger spuckt in den Käfig, sieht Sasportas an,
verbeugt sich vor Galloudec, küßt Debuisson die Schuhe,
trägt ihn auf dem Rücken weg. Galloudec und Sasportas
30 folgen hintereinander.*

DIE REVOLUTION IST DIE MASKE DES TODES DER TOD IST
DIE MASKE DER REVOLUTION DIE REVOLUTION IST DIE
MASKE DES TODES DER TOD IST DIE MASKE DER REVOLU-
TION DIE REVOLUTION IST DIE MASKE DES TODES DER TOD
35 IST DIE MASKE DER REVOLUTION DIE REVOLUTION IST DIE
MASKE DES TODES DER TOD IST DIE MASKE DER REVOLU-
TION DIE REVOLUTION IST DIE MASKE DES TODES DER TOD
IST DIE MASKE DER REVOLUTION DIE REVOLUTION IST DIE

*Heimkehr des Verlorenen Sohnes. Vater und Mutter in
offenem Schrank. Auf einem Thron ErsteLiebe. Debuis-* 5
*son Galloudec Sasportas von Sklaven entkleidet und
kostümiert:*
*Debuisson als Sklavenhalter, Galloudec als Aufseher mit
Peitsche, Sasportas als Sklave.*

ERSTELIEBE: Der kleine Victor hat Revolution gespielt. 10
Jetzt kehrt er heim in den Schoß der Familie. Heim zu
Papa mit der wurmstichigen Hirnschale. Heim zu Mama
mit ihrem Geruch von verfaulten Blumen. Hast du dir
weh getan, kleiner Victor. Komm näher und zeig deine
Wunden. Kennst du mich nicht mehr. Du brauchst keine 15
Angst zu haben, kleiner Victor. Nicht vor mir. Nicht vor
deiner ersten Liebe. Die du betrogen hast mit der
Revolution, deiner blutbeschmierten zweiten. Mit der
du dich in der Gosse gewälzt hast zehn Jahre lang in
Konkurrenz mit dem Pöbel. Oder in den Leichenhallen, 20
wo sie ihre Beute zählt. Ich rieche ihr Parfüm aus
Stallmist, Tränen, kleiner Victor. Hast du sie so sehr
geliebt. Ach Debuisson. Ich hab es dir gesagt, sie ist eine
Hure. Die Schlange mit der blutsaufenden Scham. Die
Sklaverei ist ein Naturgesetz, alt wie die Menschheit. 25
Warum soll sie aufhören vor ihr. Sieh dir meine Sklaven
an, und deine, unser Eigentum. Ihr Leben lang sind sie
Tiere gewesen. Warum sollen sie Menschen sein, weil es
in Frankreich auf einem Papier steht. Kaum lesbar vor
so viel mehr Blut, als für die Sklaverei geflossen ist hier 30
auf deinem und meinem schönen Jamaika. Ich werde dir
eine Geschichte erzählen: Auf Barbados ist ein Planta-
genbesitzer erschlagen worden, zwei Monate nach der
Aufhebung der Sklaverei. Sie kamen zu ihm, seine
Befreiten. Sie gingen auf den Knien wie in der Kirche. 35
Und weißt du, was sie wollten. Zurück in die Geborgen-
heit der Sklaverei. Das ist der Mensch: Seine erste
Heimat ist die Mutter, ein Gefängnis. *Sklaven heben der*

57

Mutter im Schrank die Röcke über den Kopf. Hier klafft
sie, die Heimat, hier gähnt er, der Schoß der Familie.
Sag ein Wort, wenn du zurück willst, und sie stopft dich
hinein, die Idiotin, die ewige Mutter. Der arme Mann
5   auf Barbados hat es nicht so gut getroffen. Mit Knüppeln
haben sie ihn totgeschlagen, seine Nicht-mehr-Sklaven,
wie einen tollwütigen Hund, weil er sie nicht zurück-
genommen hat aus dem kalten Frühling ihrer Freiheit
unter die geliebte Peitsche. Gefällt dir die Geschichte,
10   Bürger Debuisson. Die Freiheit wohnt auf den Rücken
der Sklaven, die Gleichheit unter dem Beil. Willst du
mein Sklave sein, kleiner Victor. Liebst du mich. Das
sind die Lippen, die dich geküßt haben. *Sklavin malt ihr
einen großen Mund.* Sie erinnern sich, Victor Debuisson,
15   an deine Haut. Das sind die Brüste, die dich gewärmt
haben, kleiner Victor. *Sklavin schminkt ihre Brustwarzen usw.* Sie haben deinen Mund und deine Hände nicht
vergessen. Das ist die Haut, die deinen Schweiß getrunken hat. Das ist der Schoß, der deinen Samen empfan-
20   gen hat, der mein Herz verbrennt. *Sklavin malt ihr ein
blaues Herz.* Siehst du die blaue Flamme. Weißt du, wie
man auf Kuba die entlaufenen Sklaven fängt. Man jagt
sie mit Bluthunden. Und so will ich mir wieder nehmen,
Bürger Debuisson, was deine Hure, die Revolution, mir
25   geraubt hat, mein Eigentum. *Sklaven als Hunde, von
Galloudec mit der Peitsche, von dem Vatergespenst mit
HASSA-Rufen begleitet, jagen Debuisson.* Mit den Zähnen meiner Hunde will ich aus deinem befleckten Fleisch
beißen die Spur meiner Tränen, meinen Schweiß, meine
30   Schreie der Lust. Mit den Messern ihrer Klauen aus
deinem Fell mein Brautkleid schneiden. Deinen Atem,
der nach den toten Leibern der Könige schmeckt,
übersetzen in die Sprache der Qual, die den Sklaven
gehört. Ich will dein Geschlecht essen und einen Tiger
35   gebären, der die Zeit verschlingt, mit der die Uhren
mein leeres Herz schlagen, durch das die Regen der
Tropen gehn. *Sklavin setzt ihr eine Tigermaske auf.*
GESTERN HABE ICH ANGEFANGEN / DICH ZU TÖTEN
MEIN HERZ / JETZT LIEBE ICH / DEINEN LEICHNAM /

WENN ICH TOT BIN / WIRD MEIN STAUB NACH DIR
SCHREIN. Ich will dir diese Hündin zum Geschenk
machen, kleiner Victor, damit du sie mit deinem verdor-
benen Samen füllst. Und vorher will ich sie auspeitschen
lassen, damit euer Blut sich vermischt. Liebst du mich, 5
Debuisson. Man soll eine Frau nicht allein lassen.

*Sklaven nehmen Galloudec die Peitsche weg, schließen
den Schrank, schminken ErsteLiebe ab, setzen Debuisson auf den Thron, ErsteLiebe als Fußbank, staffieren
Galloudec und Sasportas als Danton und Robespierre 10
aus. Das Theater der Revolution ist eröffnet. Während die
zwei Spieler und das Publikum ihre Plätze einnehmen,
hört man aus dem Schrank den Dialog der Eltern.*

VATER: Das ist die Auferstehung des Fleisches. Denn der
    Wurm nagt ewig, und das Feuer geht nicht aus. MUTTER: 15
    Hurt er wieder herum. Krickkrack, jetzt ist mein Herz
    gebrochen, seht ihr. VATER: Ich schenke sie dir, mein
    Sohn. Ich schenke dir beide, schwarz und oder weiß.
MUTTER: Nehmt mir das Messer aus dem Bauch. Ihr
    gemalten Huren. VATER: Auf die Knie, Kanaille, und 20
    bitte deine Mama um den Segen. MUTTER: DA DROBEN
    AUF DEM BERGE / DA WEHET DER WIND / DA SCHLACH-
    TET MARIA / DAS HIMMLISCHE KIND. Heim nach
    Grönland. Kommt, meine Kinder. Dort wärmt die
    Sonne jeden Tag. VATER: Stopft der Idiotin das Maul. 25
SASPORTAS-ROBESPIERRE: Geh auf deinen Platz, Danton,
    am Pranger der Geschichte. Seht den Schmarotzer, der
    das Brot der Hungrigen schlingt. Den Wüstling, der die
    Töchter des Volkes schändet. Den Verräter, der die
    Nase rümpft vor dem Geruch des Blutes, mit dem die 30
    Revolution den Leib der neuen Gesellschaft wäscht. Soll
    ich dir sagen, warum du kein Blut mehr sehn kannst,
    Danton. Hast du Revolution gesagt. Der Griff nach dem
    Fleischtopf war deine Revolution. Der Freiplatz im
    Bordell. Dafür hast du dich auf den Tribünen gespreizt 35
    im Beifall des Pöbels. Der Löwe, der den Aristokraten
    die Stiefel leckt. Schmeckt dir der Speichel der Bourbo-
    nen. Ist dir auch warm im Arsch der Monarchie. Sagtest

du Kühnheit. Schüttle nur deine gepuderte Mähne. Länger, als bis dein Kopf fällt unter dem Beil der Gerechtigkeit, wirst du die Tugend nicht verhöhnen. Du kannst nicht sagen, daß ich dich nicht gewarnt habe, Danton. Jetzt wird die Guillotine mit dir reden, die erhabene Erfindung des neuen Zeitalters, das über dich hinwegschreiten wird wie über alle Verräter. Ihre Sprache wirst du verstehn, du hast sie gut gesprochen im September. *Sklaven schlagen Galloudec den Dantonkopf herunter, werfen ihn einander zu. Galloudec gelingt es, ihn zu fangen, er klemmt ihn unter den Arm.* Warum klemmst du deinen schönen Kopf nicht zwischen die Beine, Danton, wo bei den Läusen deiner Ausschweifung und den Geschwüren deines Lasters dein Verstand sitzt.

Sasportas stößt Galloudec den Dantonkopf unter dem Arm weg. Galloudec kriecht dem Kopf nach, setzt ihn auf.

GALLOUDEC-DANTON: Jetzt bin ich dran. Seht den Affen mit der zerbrochenen Kinnlade. Den Blutsäufer, der seinen Sabber nicht halten kann. Hast du das Maul zu voll genommen. Unbestechlicher, mit deiner Tugendpauke. Das ist der Dank des Vaterlandes: eine Gendarmenfaust. *Sklaven reißen Sasportas die Kinnbinde vom Robespierrekopf, die Kinnlade fällt herunter. Während Sasportas Kinnbinde und Kinnlade sucht.* Ist dir etwas heruntergefallen. Fehlt dir etwas. Eigentum ist Diebstahl. Spürst du den Wind im Hals. Das ist die Freiheit. *Sasportas hat Kinnbinde und Kinnlade wiedergefunden und komplettiert den Robespierrekopf.* Paß auf, daß dir dein schlauer Kopf nicht ganz abhanden kommt, Robespierre, durch die Liebe des Volkes. Hast du Revolution gesagt. Das Beil der Gerechtigkeit, wie. Die Guillotine ist keine Brotfabrik. Wirtschaft, Horatio, Wirtschaft. *Sklaven schlagen Sasportas den Robespierrekopf herunter und gebrauchen ihn als Fußball.* Das ist die Gleichheit. ES LEBE DIE REPUBLIK. Hab ich dir nicht gesagt: Du bist der nächste. *Mischt sich in das Fußballspiel der Sklaven.* Das ist die Brüderlichkeit. *Sasportas-Robes-*

pierre heult. Was hast du gegen Fußball. Entre nous: Soll
ich dir sagen, warum du so scharf warst auf meinen
schönen Kopf. Ich wette, wenn du die Hosen herunter-
läßt, staubt es. Damen und Herren. Das Theater der
Revolution ist eröffnet. Attraktion: der Mann ohne 5
Unterleib. Maximilian der Große. Tugendmax. Der
Sesselfurzer. Der Wichser aus Arras. Der blutige Robespierre.

SASPORTAS-ROBESPIERRE *setzt den Kopf wieder auf*: Mein
Name steht im Pantheon der Geschichte. 10

GALLOUDEC-DANTON:

EIN MÄNNLEIN STEHT IM WALDE

GANZ STILL UND STUMM

ES HAT VON LAUTER PURPUR

EIN MÄNTLEIN UM 15

SASPORTAS-ROBESPIERRE: Parasit Syphilitiker Aristokra-
tenknecht.

GALLOUDEC-DANTON: Heuchler Eunuch Lakai der Wall-
street.

SASPORTAS-ROBESPIERRE: Schwein. 20

GALLOUDEC-DANTON: Hyäne.

*Prügeln einander die Köpfe wieder herunter. Debuisson
applaudiert. Sklaven zerren ihn vom Thron, setzen
Sasportas hinauf, Galloudec als Fußbank. Krönung Sasportas'.* 25

SASPORTAS: Das Theater der weißen Revolution ist zu
Ende. Wir verurteilen dich zum Tode, Victor Debuisson. Weil deine Haut weiß ist. Weil deine Gedanken
weiß sind unter deiner weißen Haut. Weil deine Augen
die Schönheit unserer Schwestern gesehen haben. Weil 30
deine Hände die Nacktheit unserer Schwestern berührt
haben. Weil deine Gedanken ihre Brüste gegessen
haben, ihren Leib, ihre Scham. Weil du ein Besitzer bist,
ein Herr. Darum verurteilen wir dich zum Tode, Victor
Debuisson. Die Schlangen sollen deine Scheiße fressen, 35
deinen Arsch die Krokodile, die Piranhas deine Hoden.
Debuisson schreit. Das Elend mit euch ist, ihr könnt
nicht sterben. Darum tötet ihr alles um euch herum. Für
eure toten Ordnungen, in denen der Rausch keinen

61

Platz hat. Für eure Revolutionen ohne Geschlecht. Liebst du diese Frau. Wir nehmen sie, damit du leichter stirbst. Wer nicht besitzt, stirbt leichter. Was gehört dir noch. Sag schnell, unsre Schule ist die Zeit, sie kommt nicht wieder und kein Atem für Didaktik, wer nicht lernt, stirbt auch. Deine Haut. Wem hast du sie abgezogen. Dein Fleisch unser Hunger. Dein Blut leert unsre Adern. Deine Gedanken, wie. Wer schwitzt für eure Philosophien. Noch dein Harn und deine Scheiße sind Ausbeutung und Sklaverei. Von deinem Samen nicht zu reden: Destillat aus toten Leibern. Jetzt gehört dir nichts mehr. Jetzt bist du nichts. Jetzt kannst du sterben. Grabt ihn ein.

Ich stehe zwischen Männern, die mir unbekannt sind, in einem alten Fahrstuhl mit während des Aufstiegs klapperndem Metallgestänge. Ich bin gekleidet wie ein Angestellter oder wie ein Arbeiter am Feiertag. Ich habe mir sogar einen Schlips umgebunden, der Kragen scheuert am Hals, ich schwitze. Wenn ich den Kopf bewege, schnürt mir der Kragen den Hals ein. Ich habe einen Termin beim Chef (in Gedanken nenne ich ihn Nummer Eins), sein Büro ist in der vierten Etage, oder war es die zwanzigste; kaum denke ich darüber nach, schon bin ich nicht mehr sicher. Die Nachricht von meinem Termin beim Chef (den ich in Gedanken Nummer Eins nenne) hat mich im Kellergeschoß erreicht, einem ausgedehnten Areal mit leeren Betonkammern und Hinweisschildern für den Bombenschutz. Ich nehme an, es geht um einen Auftrag, der mir erteilt werden soll. Ich prüfe den Sitz meiner Krawatte und ziehe den Knoten fest. Ich hätte gern einen Spiegel, damit ich den Sitz der Krawatte auch mit den Augen prüfen kann. Unmöglich, einen Fremden zu fragen, wie dein Schlipsknoten sitzt. Die Krawatten der andern Männer im Fahrstuhl sitzen fehlerfrei. Einige von ihnen scheinen miteinander bekannt zu sein. Sie reden leise über etwas, wovon ich nichts verstehe. Immerhin muß ihr Gespräch mich abgelenkt haben: Beim nächsten Halt lese ich auf dem Etagenanzeiger über der Fahrstuhltür mit Schrecken die Zahl

Acht. Ich bin zu weit gefahren, oder ich habe mehr als die Hälfte der Strecke noch vor mir. Entscheidend ist der Zeitfaktor. FÜNF MINUTEN VOR DER ZEIT / IST DIE WAHRE PÜNKTLICHKEIT. Als ich das letztemal auf meine Armbanduhr geblickt habe, zeigte sie Zehn. Ich erinnere mich an mein Gefühl der Erleichterung: noch fünfzehn Minuten bis zu meinem Termin beim Chef. Beim nächsten Blick war es nur fünf Minuten später. Als ich jetzt, zwischen der achten und neunten Etage, wieder auf meine Uhr sehe, zeigt sie genau vierzehn Minuten und fünfundvierzig Sekunden nach der zehnten Stunde an: Mit der wahren Pünktlichkeit ist es vorbei, die Zeit arbeitet nicht mehr für mich. Schnell überdenke ich meine Lage: Ich kann beim nächsten möglichen Halt aussteigen und die Treppe hinunterlaufen, drei Stufen auf einmal, bis zur vierten Etage. Wenn es die falsche Etage ist, bedeutet das natürlich einen vielleicht uneinholbaren Zeitverlust. Ich kann bis zur zwanzigsten Etage weiterfahren und, wenn sich das Büro des Chefs dort nicht befindet, zurück in die vierte Etage, vorausgesetzt, der Fahrstuhl fällt nicht aus, oder die Treppe hinunterlaufen (drei Stufen auf einmal), wobei ich mir die Beine brechen kann oder den Hals, gerade weil ich es eilig habe. Ich sehe mich schon auf einer Bahre ausgestreckt, die auf meinen Wunsch in das Büro des Chefs getragen und vor seinem Schreibtisch aufgestellt wird, immer noch dienstbereit, aber nicht mehr tauglich. Vorläufig spitzt sich alles auf die durch meine Fahrlässigkeit im voraus nicht beantwortbare Frage zu, in welcher Etage der Chef (den ich in Gedanken Nummer Eins nenne) mit einem wichtigen Auftrag auf mich wartet. (Es muß ein wichtiger Auftrag sein, warum sonst läßt er ihn nicht durch einen Untergebenen erteilen.) Ein schneller Blick auf die Uhr klärt mich unwiderlegbar über die Tatsache auf, daß es auch für die einfache Pünktlichkeit seit langem zu spät ist, obwohl unser Fahrstuhl, wie beim zweiten Blick zu sehn, die zwölfte Etage noch nicht erreicht hat: Der Stundenzeiger steht auf Zehn, der Minutenzeiger auf Fünfzig, auf die Sekunden kommt es schon länger nicht mehr an. Mit meiner Uhr scheint etwas nicht zu stimmen, aber auch für

einen Zeitvergleich ist keine Zeit mehr: Ich bin, ohne daß
ich bemerkt habe, wo die andern Herren ausgestiegen sind,
allein im Fahrstuhl. Mit einem Grauen, das in meine
Haarwurzeln greift, sehe ich auf meiner Uhr, von der ich
den Blick jetzt nicht mehr losreißen kann, die Zeiger mit
zunehmender Geschwindigkeit das Zifferblatt umkreisen,
so daß zwischen Lidschlag und Lidschlag immer mehr
Stunden vergehn. Mir wird klar, daß schon lange etwas
nicht gestimmt hat: mit meiner Uhr, mit diesem Fahrstuhl, mit der Zeit. Ich verfalle auf wilde Spekulationen:
Die Schwerkraft läßt nach, eine Störung, eine Art Stottern
der Erdrotation, wie ein Wadenkrampf beim Fußball. Ich
bedaure, daß ich von Physik zu wenig weiß, um den
schreienden Widerspruch zwischen der Geschwindigkeit
des Fahrstuhls und dem Zeitablauf, den meine Uhr
anzeigt, in Wissenschaft auflösen zu können. Warum habe
ich in der Schule nicht aufgepaßt. Oder die falschen Bücher
gelesen: Poesie statt Physik. Die Zeit ist aus den Fugen,
und irgendwo in der vierten oder in der zwanzigsten Etage
(das Oder schneidet wie ein Messer durch mein fahrlässiges
Gehirn) wartet in einem wahrscheinlich weitläufigen und
mit einem schweren Teppich ausgelegten Raum hinter
seinem Schreibtisch, der wahrscheinlich an der hinteren
Schmalseite des Raumes dem Eingang gegenüber aufgestellt ist, mit meinem Auftrag der Chef (den ich in
Gedanken Nummer Eins nenne) auf mich Versager. Vielleicht geht die Welt aus dem Leim, und mein Auftrag, der
so wichtig war, daß ihn der Chef mir in Person erteilen
wollte, ist schon sinnlos geworden durch meine Fahrlässigkeit. GEGENSTANDSLOS in der Sprache der Ämter, die ich
so gut gelernt habe (überflüssige Wissenschaft!), BEI DEN
AKTEN, die niemand mehr einsehen wird, weil er gerade
die letzte mögliche Maßnahme gegen den Untergang
betraf, dessen Beginn ich jetzt erlebe, eingesperrt in diesen
verrückt gewordenen Fahrstuhl mit meiner verrückt gewordenen Armbanduhr. Verzweifelter Traum im Traum: Ich
habe die Fähigkeit, einfach indem ich mich zusammenrolle,
meinen Körper in ein Geschoß zu verwandeln, das die
Decke des Fahrstuhls durchschlagend die Zeit überholt.

Kaltes Erwachen im langsamen Fahrstuhl zum Blick auf die rasende Uhr. Ich stelle mir die Verzweiflung von Nummer Eins vor. Seinen Selbstmord. Sein Kopf, dessen Porträt alle Amtsstuben ziert, auf dem Schreibtisch. Blut aus einem schwarzrandigen Loch in der (wahrscheinlich rechten) Schläfe. Ich habe keinen Schuß gehört, aber das beweist nichts, die Wände seines Büros sind natürlich schalldicht, mit Zwischenfällen ist beim Bau gerechnet worden, und was im Büro des Chefs geschieht, geht die Bevölkerung nichts an, die Macht ist einsam. Ich verlasse den Fahrstuhl beim nächsten Halt und stehe ohne Auftrag, den nicht mehr gebrauchten Schlips immer noch lächerlich unter mein Kinn gebunden, auf einer Dorfstraße in Peru. Trockener Schlamm mit Fahrspuren. Auf beiden Seiten der Straße greift eine kahle Ebene mit seltenen Grasnarben und Flecken von grauem Gebüsch undeutlich nach dem Horizont, über dem ein Gebirge im Dunst schwimmt. Links von der Straße ein Barackenbau, er sieht verlassen aus, die Fenster schwarze Löcher mit Glasresten. Vor einer Plakatwand mit Reklamen für Produkte einer fremden Zivilisation stehen zwei riesige Einwohner. Von ihren Rücken geht eine Drohung aus. Ich überlege, ob ich zurückgehen soll, noch bin ich nicht gesehen worden. Nie hätte ich gedacht, während meines verzweifelten Aufstiegs zum Chef, daß ich Heimweh nach dem Fahrstuhl empfinden könnte, der mein Gefängnis war. Wie soll ich meine Gegenwart in diesem Niemandsland erklären. Ich habe keinen Fallschirm vorzuweisen, kein Flugzeug oder Autowrack. Wer kann mir glauben, daß ich aus einem Fahrstuhl nach Peru gelangt bin, vor und hinter mir die Straße, von der Ebene flankiert, die nach dem Horizont greift. Wie soll überhaupt eine Verständigung möglich sein, ich kenne die Sprache dieses Landes nicht, ich könnte genausogut taubstumm sein. Besser, ich wäre taubstumm: Vielleicht gibt es Mitleid in Peru. Mir bleibt nur die Flucht ins hoffentlich Menschenleere, vielleicht vor einem Tod in einen andern, aber ich ziehe den Hunger dem Messer des Mörders vor. Mittellos, mich freizukaufen, bin ich in jedem Fall, mit meiner geringen Barschaft in der fremden Wäh-

rung. Nicht einmal im Dienst zu sterben ist mir vom
Schicksal vergönnt, meine Sache ist eine verlorene Sache,
Angestellter eines gestorbenen Chefs, der ich bin, mein
Auftrag beschlossen in seinem Gehirn, das nichts mehr
5 herausgibt, bis die Tresore der Ewigkeit geöffnet werden,
um deren Kombination die Weisen der Welt sich abmühn,
auf dieser Seite des Todes. Hoffentlich nicht zu spät löse
ich meinen Schlipsknoten, dessen korrekter Sitz mich so
viel Schweiß gekostet hat auf meinem Weg zum Chef, und
10 lasse das auffällige Kleidungsstück in meiner Jacke verschwinden. Beinahe hätte ich es weggeworfen, eine Spur.
Im Umdrehn sehe ich zum erstenmal das Dorf; Lehm und
Stroh, durch eine offne Tür eine Hängematte. Kalter
Schweiß bei dem Gedanken, ich könnte von dort aus
15 beobachtet worden sein, aber ich kann kein Zeichen von
Leben ausmachen, das einzig Bewegte ein Hund, der in
einem qualmenden Müllhaufen wühlt. Ich habe zu lange
gezögert: Die Männer lösen sich von der Plakatwand und
kommen schräg über die Straße auf mich zu, zunächst ohne
20 mich anzusehn. Ich sehe die Gesichter über mir, undeutlich
schwarz das eine, die Augen weiß, der Blick nicht auszu-
machen: Die Augen sind ohne Pupillen. Der Kopf des
andern ist aus grauem Silber. Ein langer ruhiger Blick aus
Augen, deren Farbe ich nicht bestimmen kann, etwas
25 Rotes schimmert darin. Durch die Finger der schwer
herabhängenden rechten Hand, die ebenfalls aus Silber zu
bestehen scheint, läuft ein Zucken, die Blutbahnen leuch-
ten aus dem Metall. Der Silberne geht hinter mir vorbei
dem Schwarzen nach. Meine Angst verfliegt und macht
30 einer Enttäuschung Platz: Bin ich nicht einmal ein Messer
wert oder den Würgegriff von Händen aus Metall. Lag in
dem ruhigen Blick, der fünf Schritte lang auf mich gerichtet
war, nicht etwas wie Verachtung. Worin besteht mein
Verbrechen. Die Welt ist nicht untergegangen, vorausge-
35 setzt, das hier ist keine andre Welt. Wie erfüllt man einen
unbekannten Auftrag. Was kann mein Auftrag sein in
dieser wüsten Gegend jenseits der Zivilisation. Wie soll der
Angestellte wissen, was im Kopf des Chefs vorgeht. Keine
Wissenschaft der Welt wird meinen verlorenen Auftrag aus

den Hirnfasern des Verewigten zerrn. Mit ihm wird er
begraben, das Staatsbegräbnis, das vielleicht jetzt schon
seinen Gang nimmt, garantiert die Auferstehung nicht.
Etwas wie Heiterkeit breitet sich in mir aus, ich nehme die
Jacke über den Arm und knöpfe das Hemd auf: Mein Gang 5
ist ein Spaziergang. Vor mir läuft der Hund über die
Straße, eine Hand quer in der Schnauze, die Finger sind
mir zugekehrt, sie sehn verbrannt aus. Mit einer Drohung,
die nicht mich meint, kreuzen junge Männer meinen Weg.
Wo die Straße in die Ebene ausläuft, steht in einer 10
Haltung, als ob sie auf mich gewartet hat, eine Frau. Ich
strecke die Arme nach ihr aus, wie lange haben sie keine
Frau berührt, und höre eine Männerstimme sagen DIESE
FRAU IST DIE FRAU EINES MANNES. Der Ton ist endgültig,
und ich gehe weiter. Als ich mich umsehe, streckt die Frau 15
die Arme nach mir aus und entblößt ihre Brüste. Auf
einem grasüberwachsenen Bahndamm basteln zwei Kna-
ben an einer Kreuzung aus Dampfmaschine und Lokomotive herum, die auf einem abgebrochenen Gleis steht. Ich
Europäer sehe mit dem ersten Blick, daß ihre Mühe 20
verloren ist: Dieses Fahrzeug wird sich nicht bewegen, aber
ich sage es den Kindern nicht, Arbeit ist Hoffnung, und
gehe weiter in die Landschaft, die keine andere Arbeit hat,
als auf das Verschwinden des Menschen zu warten. Ich
weiß jetzt meine Bestimmung. Ich werfe meine Kleider ab, 25
auf das Äußere kommt es nicht mehr an. Irgendwann wird
DER ANDERE mir entgegenkommen, der Antipode, der
Doppelgänger mit meinem Gesicht aus Schnee. Einer von
uns wird überleben.

Debuisson. Galloudec. Sasportas. 30
DEBUISSON *gibt Galloudec ein Papier. Galloudec und
Sasportas lesen:* Die Regierung, die uns den Auftrag
erteilt hat, hier auf Jamaika einen Sklavenaufstand zu
organisieren, ist nicht mehr im Amt. Der General
Bonaparte hat das Direktorium aufgelöst mit den Bajo- 35
netten seiner Grenadiere. Frankreich heißt Napoleon.
Die Welt wird, was sie war, eine Heimat für Herren und
Sklaven. *Galloudec zerknüllt das Papier.* Was glotzt ihr.

Unsre Firma steht nicht mehr im Handelsregister. Sie ist
bankrott. Die Ware, die wir zu verkaufen haben, zahlbar
in der Landeswährung, Tränen Schweiß-Blut, wird auf
dieser Welt nicht mehr gehandelt. *Zerreißt das Papier.*
5 Ich entlasse uns aus unserm Auftrag. Dich, Galloudec,
den Bauern aus der Bretagne. Dich, Sasportas, den
Sohn der Sklaverei. Mich, Debuisson.

SASPORTAS *leise*: Den Sohn der Sklavenhalter.

DEBUISSON: Jeden in seine eigne Freiheit oder Sklaverei.
10 Unser Schauspiel ist zu Ende, Sasportas. Paß auf, wenn
du dich abschminkst, Galloudec. Vielleicht geht deine
Haut mit. Deine Maske, Sasportas, ist dein Gesicht.
Mein Gesicht ist meine Maske.
Bedeckt das Gesicht mit den Händen.

15 GALLOUDEC: Das geht mir zu schnell, Debuisson. Ich bin
ein Bauer, ich kann so schnell nicht denken. Ich habe
meinen Hals riskiert ein Jahr und länger, das Maul zu
Fetzen gepredigt auf geheimen Versammlungen, Waffen
geschmuggelt durch Kordone von Bluthunden, Haien
20 und Spitzeln, den Idioten gespielt an den Tischen der
englischen Halsabschneider als dein Hund, von der
Sonne verbrannt und vom Fieber gebeutelt auf diesem
gottverdammten Erdteil ohne Schnee, alles für diese
faule Masse von schwarzem Fleisch, das sich nicht
25 bewegen will außer unterm Stiefel, und was geht mich
die Sklaverei auf Jamaika an, bei Licht besehn, ich bin
Franzose, warte, Sasportas, aber ich will auf der Stelle
schwarz werden, wenn ich begreife, warum das alles
nicht mehr wahr sein soll und ausgestrichen und für
30 nichts kein Auftrag mehr, weil in Paris einen General der
Hafer sticht. Er ist noch nicht einmal Franzose. Aber
wenn man dich reden hört, Debuisson, könnte man
meinen, daß du nur gewartet hast auf diesen General
Bonaparte.

35 DEBUISSON: Vielleicht habe ich wirklich gewartet auf
diesen General Bonaparte. So wie halb Frankreich auf
ihn gewartet hat. Revolution macht müde, Galloudec.
Im Schlaf der Völker stehn die Generäle auf und
zerbrechen das Joch der Freiheit, das so schwer zu

tragen ist. Merkst du, wie es dir die Schultern krumm-
zieht, Galloudec.

SASPORTAS: Ich glaube, ich verstehe dich auch nicht,
Debuisson. Nicht mehr. Die Welt eine Heimat für
Herren und Sklaven. Sklaven haben keine Heimat, 5
Bürger Debuisson. Und solange es Herren und Sklaven
gibt, sind wir aus unserm Auftrag nicht entlassen. Was
hat ein Generalsputsch in Paris mit der Befreiung der
Sklaven auf Jamaika zu tun, die unser Auftrag ist.
Zehntausend Männer warten auf unsern Befehl, auf 10
deinen, wenn du willst. Aber es muß nicht deine Stimme
sein, die den Befehl spricht. Sie schlafen nicht, sie
warten nicht auf einen General. Sie sind bereit, zu töten
und zu sterben für dein JOCH DER FREIHEIT, von dem sie
geträumt haben ihr Leben lang, das ein täglicher Tod ist, 15
wie von einer unbekannten Geliebten. Sie fragen nicht
nach der Beschaffenheit ihrer Brüste oder nach der
Jungfräulichkeit ihrer Scham. Was geht diese Männer
Paris an, ein ferner Steinhaufen, der eine kurze Zeit lang
die Metropole ihrer Hoffnung war, was Frankreich, ein 20
Land, in dem die Sonne nicht töten kann, wo das Blut
die Farbe des Morgenrots hatte eine kurze Zeit lang, auf
einem bleichen Kontinent hinter dem Grab von Atlantis.
Von eurem General, ich habe seinen Namen schon
vergessen, wird keine Rede mehr sein, wenn der Name 25
des Befreiers von Haiti in allen Schulbüchern steht.
Debuisson lacht.

SASPORTAS: Du lachst.

DEBUISSON: Ich lache, Sasportas, frag mich warum.

SASPORTAS: Kann sein, ich habe dich schon wieder nicht 30
verstanden. Ich weiß nicht, ob ich dich jetzt töten oder
mich bei dir entschuldigen soll.

DEBUISSON: Tu, was du willst, Sasportas.

SASPORTAS *lacht*: Ach Debuisson. Einen Augenblick lang
habe ich geglaubt, was du sagst, ist deine Meinung. Ich 35
hätte es wissen müssen. Ich hätte wissen müssen, daß es
eine Probe war. Ich habe die Probe nicht bestanden,
wie. Jeder von uns muß kalt sein wie ein Messer, wenn
das Zeichen gegeben wird und die Schlacht beginnt. Es

ist nicht Angst, was meine Nerven zittern macht, sondern die Freude auf den Tanz. Ich höre die Trommeln, bevor sie geschlagen werden. Ich höre mit den Poren, meine Haut ist schwarz. Aber ich habe an dir gezweifelt,
5 und das ist nicht gut. Verzeih mir, Debuisson. Du hast deine Hände in Blut getaucht für unsre Sache. Ich habe gesehen, daß es dir schwergefallen ist. Ich liebe dich für beides, Debuisson, denn der getötet werden mußte, damit er unsre Sache nicht verriet, war meinesgleichen,
10 und er brauchte seinen Tod vor der nächsten Folter, für die du ihn heilen solltest von den Foltern der ersten als Arzt und Helfer der Menschheit, aber er sagte: Töte mich, damit ich nicht verraten kann, und du hast ihn getötet für unsre Sache als Arzt und Revolutionär.
15 *Sasportas umarmt Debuisson.*
DEBUISSON: Du brauchst dich nicht zu entschuldigen, Sasportas, es war keine Probe. Unsre Namen werden nicht in den Schulbüchern stehn, und dein Befreier von Haiti, wo jetzt die befreiten Neger auf die befreiten
20 Mulatten einschlagen oder umgekehrt, wird lange warten müssen auf seinen Platz im Buch der Geschichte. Inzwischen wird Napoleon Frankreich in eine Kaserne verwandeln und Europa vielleicht in ein Schlachtfeld, der Handel blüht in jedem Fall, und der Frieden mit
25 England wird nicht ausbleiben, was die Menschheit eint, sind die Geschäfte. Die Revolution hat keine Heimat mehr, das ist nicht neu unter dieser Sonne, die eine neue Erde vielleicht nie bescheinen wird, die Sklaverei hat viele Gesichter, ihr letztes haben wir noch nicht gesehn,
30 du nicht, Sasportas, und wir auch nicht, Galloudec, und vielleicht war, was wir für das Morgenrot der Freiheit hielten, nur die Maske einer neuen schrecklicheren Sklaverei, mit der verglichen die Herrschaft der Peitsche auf den Kariben und anderswo einen freundlichen
35 Vorgeschmack auf die Wonnen des Paradieses darstellt, und vielleicht hat deine unbekannte Geliebte, die Freiheit, wenn ihre Masken verbraucht sind, überhaupt kein anderes Gesicht als der Verrat: Was du heute nicht verrätst, wird dich morgen töten. Vom Standpunkt der

Humanmedizin ist die Revolution eine Totgeburt, Sasportas: aus der Bastille in die Conciergerie, der Befreier wird Gefängniswärter. TOD DEN BEFREIERN heißt die letzte Wahrheit der Revolution. Und was meinen Mord im Dienst an unserer Sache betrifft: Der Arzt als Mörder ist kein neuer Part im Theater der Gesellschaft, der Tod bedeutet nicht so viel für die Helfer der Menschheit: ein andrer chemischer Zustand, bis zum Sieg der Wüste ist jede Ruine ein Baugrund gegen den Reißzahn der Zeit. Vielleicht habe ich nur meine Hände gewaschen, Sasportas, als ich sie in Blut getaucht habe für unsere Sache, die Poesie war immer schon die Sprache der Vergeblichkeit, mein schwarzer Freund. Wir haben andre Leichen im Genick jetzt, und sie werden unser Tod sein, wenn wir sie nicht abwerfen vor der Grube. Dein Tod heißt Freiheit, Sasportas, dein Tod heißt Brüderlichkeit, Galloudec, mein Tod heißt Gleichheit. Es ritt sich gut auf ihnen, als sie noch unsre Gäule gewesen sind, der Wind von morgen um die Schläfe. Jetzt weht der Wind aus gestern. Die Gäule sind wir. Merkt ihr die Sporen im Fleisch. Unsre Reiter haben Gepäck: die Leichen des Terrors, Pyramiden von Tod. Merkt ihr das Gewicht. Mit jedem Zweifel, der durch unsre Gehirnwindungen geht, wiegen sie schwerer. Eine Revolution hat keine Zeit, ihre Toten zu zählen. Und wir brauchen unsre Zeit jetzt, um die schwarze Revolution abzublasen, die wir so gründlich vorbereitet haben im Auftrag einer Zukunft, die schon wieder Vergangenheit ist wie die andern vor ihr. Warum kommt die Zukunft in unsrer Sprache nur einzeln vor, Galloudec. Bei den Toten vielleicht ist es anders, wenn der Staub eine Stimme hat. Denk darüber nach, Sasportas, eh du deinen Hals riskierst für die Befreiung der Sklaven in einen Abgrund, der keinen Boden mehr hat seit dieser Nachricht, die ich mir jetzt einverleiben werde, damit von unsrer Arbeit keine Spur bleibt. Wollt ihr auch einen Fetzen. Das war unser Auftrag, er schmeckt nur noch nach Papier. Morgen wird er den Weg allen Fleisches gegangen sein, jede Himmelfahrt

hat eine Richtung, und vielleicht ist der Stern schon auf
dem Weg aus den Kälten des Weltraums, ein Klumpen
Eis oder Metall, der das endgültige Loch in den Boden
der Tatsachen schlägt, auf dem wir immer neu unsre
gebrechlichen Hoffnungen pflanzen. Oder die Kälte
selber, die unsre Gestern und Morgen zum ewigen
Heute friert. Warum sind wir nicht als Bäume geboren,
Sasportas, die das alles nichts angeht. Oder willst du
lieber ein Berg sein. Oder eine Wüste. Was sagst du,
Galloudec. Warum glotzt ihr mich an wie zwei Steine.
Warum sind wir nicht einfach da und sehen dem Krieg
der Landschaften zu. Was wollt ihr von mir. Sterbt euern
eignen Tod, wenn euch das Leben nicht schmeckt. Ich
werde euch nicht ins Grab helfen, mir schmeckt es auch
nicht. Gestern habe ich geträumt, daß ich durch New
York ging. Die Gegend war verfallen und von Weißen
nicht bewohnt. Vor mir auf dem Gehsteig stand eine
goldene Schlange auf, und als ich über die Straße ging,
beziehungsweise durch den Dschungel aus kochendem
Metall, der die Straße war, auf dem andern Gehsteig
eine andre Schlange. Sie war leuchtend blau. Ich wußte
im Traum: Die goldene Schlange ist Asien, die blaue
Schlange, das ist Afrika. Beim Erwachen vergaß ich es
wieder. Wir sind drei Welten. Warum weiß ich es jetzt.
Und ich hörte eine Stimme sagen: SIEHE EIN GROSSES
ERDBEBEN GESCHAH DENN DER ENGEL DES HERRN
KAM VOM HIMMEL HERAB TRAT HINZU UND WÄLZTE
DEN STEIN VON DER TÜR UND SETZTE SICH DRAUF UND
SEINE GESTALT WAR WIE DER BLITZ UND SEIN KLEID
WEISS WIE DER SCHNEE. Ich will das alles nicht mehr
wissen. Tausend Jahre ist gelacht worden über unsre drei
Geliebten. In allen Gossen haben sie sich gewälzt, alle
Rinnsteine der Welt sind sie hinabgeschwommen,
geschleift durch alle Bordelle, unsre Hure die Freiheit,
unsre Hure die Gleichheit, unsre Hure die Brüderlich-
keit. Jetzt will ich sitzen, wo gelacht wird, frei zu allem,
was mir schmeckt, gleich mit mir, mein und sonst
niemandes Bruder. Dein Fell bleibt schwarz, Sasportas.
Du, Galloudec, bleibst ein Bauer. Über euch wird

gelacht. Mein Platz ist, wo über euch gelacht wird. Ich
lache über euch. Ich lache über den Neger. Ich lache
über den Bauern. Ich lache über den Neger, der sich
weiß waschen will mit der Freiheit. Ich lache über den
Bauern, der in der Maske der Gleichheit geht. Ich lache 5
über den Stumpfsinn der Brüderlichkeit, der mich,
Debuisson, Herrn über vierhundert Sklaven, ich brauche nur Ja zu sagen, Ja und Ja zur geheiligten Ordnung
der Sklaverei, blind gemacht hat für dein, Sasportas,
dreckiges Sklavenfell, für deinen vierbeinigen Bauern- 10
trott, Galloudec, das Joch im Nacken, mit dem die
Ochsen in der Furche gehn auf deinem Acker, der dir
nicht gehört. Ich will mein Stück vom Kuchen der Welt.
Ich werde mir mein Stück herausschneiden aus dem
Hunger der Welt. Ihr, ihr habt kein Messer. 15

SASPORTAS: Du hast mir eine Fahne zerrissen. Ich will mir
eine neue schneiden aus meinem schwarzen Fell. *Schneidet mit dem Messer ein Kreuz in die Fläche seiner Hand.*
Das ist der Abschied, Bürger Debuisson. *Drückt Debuisson seine blutende Hand aufs Gesicht.* Schmeckt dir 20
mein Blut. Ich habe gesagt, daß die Sklaven keine
Heimat haben. Das ist nicht wahr. Die Heimat der
Sklaven ist der Aufstand. Ich gehe in den Kampf,
bewaffnet mit den Demütigungen meines Lebens. Du
hast mir eine neue Waffe in die Hand gegeben, und ich 25
danke dir dafür. Kann sein, mein Platz ist der Galgen,
und vielleicht wächst mir der Strick schon um den Hals,
während ich mit dir rede, statt dich zu töten, dem ich
nichts mehr schuldig bin als mein Messer. Aber der Tod
ist ohne Bedeutung, und am Galgen werde ich wissen, 30
daß meine Komplicen die Neger aller Rassen sind, deren
Zahl wächst mit jeder Minute, die du an deinem Skla-
venhaltertrog verbringst oder zwischen den Schenkeln
deiner weißen Hure. Wenn die Lebenden nicht mehr
kämpfen können, werden die Toten kämpfen. Mit 35
jedem Herzschlag der Revolution wächst Fleisch zurück
auf ihre Knochen, Blut in ihre Adern, Leben in ihren
Tod. Der Aufstand der Toten wird der Krieg der
Landschaften sein, unsre Waffen die Wälder, die Berge,

die Meere, die Wüsten der Welt. Ich werde Wald sein, Berg, Meer, Wüste. Ich, das ist Afrika. Ich, das ist Asien. Die beiden Amerika sind ich.

GALLOUDEC: Ich geh mit dir, Sasportas. Sterben müssen
5   wir alle, Debuisson. Und das ist alles, was wir noch gemeinsam haben. Nach dem Massaker in Guadeloupe haben sie in der Mitte von einem Leichenhaufen, alle schwarz, einen Weißen gefunden, der genauso tot war. Das kann dir jedenfalls nicht mehr passieren, Debuis-
10   son. Du bist heraus.

DEBUISSON: Bleibt. Ich habe Angst, Galloudec, vor der Schönheit der Welt. Ich weiß gut, daß sie die Maske des Verrats ist. Laßt mich nicht allein mit meiner Maske, die mir schon ins Fleisch wächst, und es schmerzt nicht
15   mehr. Tötet mich, bevor ich euch verrate. Ich fürchte mich, Sasportas, vor der Schande, auf dieser Welt glücklich zu sein.

Sagte flüsterte schrie Debuisson. Aber Galloudec und Sasportas gingen weg einer mit dem andern, ließen Debuis-
20 son allein mit dem Verrat, der zu ihm getreten war wie die Schlange aus dem Stein. Debuisson schloß die Augen gegen die Versuchung, seiner ersten Liebe ins Gesicht zu sehn, die der Verrat war. Der Verrat tanzte. Debuisson preßte die Hände auf die Augen. Er hörte sein Herz den
25 Rhythmus der Tanzschritte schlagen. Mit dem Herzschlag wurden sie schneller. Debuisson fühlte seine Lider gegen die Handflächen zucken. Vielleicht hatte der Tanz schon aufgehört, und es war nur noch sein Herz, das dröhnte, während der Verrat, die Arme vielleicht über den Brüsten
30 verschränkt oder die Hände an den Hüften oder schon in den Schoß gekrallt, mit vor Begierde vielleicht schon zuckender Scham aus schwimmenden Augen ihn, Debuis-son, ansah, der jetzt die Augen mit den Fäusten in die Höhlen drückte aus Angst vor seinem Hunger nach der
35 Schande des Glücks. Vielleicht hatte der Verrat ihn schon verlassen. Die eignen gierigen Hände versagten Debuisson den Dienst. Er schlug die Augen auf. Der Verrat zeigte lächelnd seine Brüste, spreizte schweigend die Schenkel,

seine Schönheit traf Debuisson wie ein Beil. Er vergaß den
Sturm auf die Bastille, den Hungermarsch der Achtzigtau-
send, das Ende der Gironde, ihr Abendmahl, ein Toter an
der Tafel, Saint Just, den schwarzen Engel, Danton, die
Stimme der Revolution, Marat, über den Dolch gekrümmt,   5
das zerbrochene Kinn Robespierres, seinen Schrei, als der
Henker die Binde abriß, seinen letzten mitleidigen Blick
auf den Jubel der Menge. Debuisson griff nach der letzten
Erinnerung, die ihn noch nicht verlassen hatte: ein Sandsturm vor Las Palmas, Grillen kamen mit dem Sand aufs   10
Schiff und begleiteten die Fahrt über den Atlantik. Debuisson duckte sich gegen den Sandsturm, rieb sich den Sand
aus den Augen, hielt sich die Ohren gegen den Gesang der
Grillen zu. Dann warf der Verrat sich auf ihn wie ein
Himmel, das Glück der Schamlippen ein Morgenrot.   15

MATERIALIEN

Inhaltsverzeichnis

Einleitung

Grundzüge des dramatischen Werks
von Heiner Müller

Heiner Müller wurde 1929 in Eppendorf in Sachsen geboren. Als Kind eines engagierten Sozialdemokraten blieb für 5
ihn der deutsche Faschismus nicht vorübergehende ›Zeit-
erscheinung‹, sondern wurde mit der Verhaftung und Einlieferung des Vaters ins KZ und mit der Verpflichtung des
Jugendlichen zum Volkssturm in den letzten Tagen des
Krieges ein prägendes, schockierendes Früherlebnis, über 10
das er in seiner Erzählung ›Der Vater‹ schrieb.
Konsequent sah Müller nach dem Krieg seinen Platz in
der DDR. Seine ersten Theaterstücke, ›Der Lohndrücker‹
(1956) und ›Die Korrektur‹ (1957), zeigen entschlossene
Parteinahme für die neue sozialistische Gesellschaft und 15
ihren Staat. Offen werden auf der Bühne die Konflikte und
Widersprüche des gesellschaftlichen Aufbaus thematisiert,
deren Lösung, getreu Brechts dialektischem Theater, dem
Publikum überantwortet wird. Was Müller von Brecht hier
schon unterscheidet, ist die Radikalität bei der Zuspitzung 20
der Konflikte, die Verknappung der szenischen Dialoge,
die in einer herb-lakonischen, wenngleich ungemein bilder-
reichen Sprache geschrieben sind. Von Anfang an geriet
Müller mit seinen Arbeiten in Auseinandersetzungen mit
der DDR-Kulturpolitik, die nicht die sozialistische Gesell- 25
schaft und die Praxis der Partei in solch unverbrämter
Form auf dem Theater diskutiert sehen wollte.
Nach ernsthaften Konflikten, dem Ausschluß aus dem
Schriftstellerverband und einem Publikationsverbot, führte
Müller seine Auseinandersetzung mit dem Sozialismus in 30
der DDR verschlüsselt fort, indem er in ›Bearbeitungen‹
Stoffe des griechischen Mythos als Beispiele aktueller
Probleme neu interpretierte (›Herakles 5‹; ›Philoktet‹,
1966). Die Figuren werden hier noch stärker gesellschaft-

lich konzipiert als Produkte der geschichtlichen Situation, in der sie handeln. Auch die Dialektik zwischen Individuum und Gesellschaft erscheint gegenüber den frühen Stücken verschärft: Immer radikaler stellt der einzelne mit

5 seinen auf unmittelbare Erfüllung drängenden Bedürfnissen das Kollektiv in Frage, jede Vertröstung und Opfer für andere ablehnend; immer härter verpflichtet das Kollektiv den einzelnen auf die gesellschaftlich-materielle Notwendigkeit, den geschichtlichen Prozeß, der Taktik und ›langen

10 gen Atem‹ brauche. Daß sich der einzelne, wenn auch bitter, den Ansprüchen seiner Gesellschaft stellt, zeigt den hier noch bestehenden Glauben des Autors an eine wenigstens minimale Einlösung von geschichtlichem Fortschritt in der Entwicklung der DDR.

15 Die Stücke der späten sechziger und siebziger Jahre demonstrieren die Zerstörung dieser Resthoffnung. Das gesellschaftliche Subjekt sieht sich, hilflos unterdrückt in seinen produktiven Möglichkeiten, einer fremden und sinnentleerten Gesellschaft gegenüber. Geschichte, ausge-

20 drückt im Bild der Versteinerung und des Kreises, ist zum Stillstand gekommen (›Der Bau‹, 1963/64).
Der deprimierende Befund läßt den Autor nach den Bedingungen des Scheiterns suchen. In Stücken, die nun Geschichte ausdrücklich thematisieren, werden die histori-

25 schen Konstellationen des sozialistischen Versuchs in der DDR untersucht: in ›Zement‹ (1972) die Bürokratisierung und Zerstörung von Kollektivität in der Sowjetunion nach Lenin, in ›Germania Tod in Berlin‹ (1971), ›Die Schlacht‹ (1974) und ›Leben Gundlings Prinz Friedrich von Preußen

30 Lessings Schlaf Traum Schrei‹ (1976) das deutsche ›Erbe‹: Preußentum, Obrigkeitsstaat und Kadavergehorsam, Militarismus und Krieg, verpaßte Revolutionen, Faschismus und nationale Spaltung, gesellschaftliche Wirkungslosigkeit von Theater und Literatur. Geschichte erscheint als

35 einziges Verhängnis, als schier endloser Wiederholungszwang von Gewalt und Unterdrückung. Hoffnung, sofern sie in diesen Stücken aufscheint, kommt von keiner der herrschenden geschichtlichen Bewegungen mehr, sondern von den Opfern der Geschichte, den gedemütigten, ohn-

mächtigen Frauen, den in Irrenhäusern Eingesperrten, den geschlagenen ethnischen Minderheiten und kolonialisierten Völkern in allen Erdteilen, in allen Jahrhunderten. Die Alternative, falls man sie noch so nennen kann, ist nicht mehr wie in den frühen Stücken die allmähliche geschichtliche Entwicklung, sondern der spontan-natürliche, radikale Einbruch in den Leerlauf der Verhältnisse, der wilde Aufschrei, der schockierende Aufstand (›Hamletmaschine‹, 1977; ›Der Auftrag‹, 1979).

Diese dramatischen Arbeiten Müllers verstehen sich als gezielte Störung der für den Autor verhängnisvollen Normalität. Entsprechend dem stark veränderten Bild der Gesellschaft und der Rolle der Literatur in ihr hat sich die künstlerische Form radikalisiert. Die an Brecht orientierte und noch um rationale Aufklärung des Zuschauers bemühte Demonstration einer Fabel und eines strukturierten Dialogs auf der Bühne findet man in diesen Stücken nicht mehr. Statt dessen unterliegt das Publikum einem wahren ›Bombardement‹ heterogener szenischer Bruchstücke, die mit immer anderen dramaturgischen Techniken und mit vielfältigen thematischen Aspekten gestaltet sind. Die auch von dem französischen Surrealisten Artaud inspirierten Schreckensbilder und grotesken Collagen sind weit entfernt von dem, was bei Brecht einst ›Verfremdung‹ hieß. Mit einer in der neueren deutschen Literatur einzigartig radikalen künstlerischen Subjektivität – Wut und Verzweiflung über das immer neue Scheitern von menschlichem Fortschritt in der Geschichte – zwingt Müller seine Zuschauer zum größtmöglichen Einsatz ihrer Aufnahmefähigkeit, ohne den die Werke Bruchstücke bleiben, keinen Sinn gewinnen.

Nicht wenige haben sich bisher dieser absoluten Ansprache entzogen (vgl. Teil III), einige laut protestierend und die Stücke als pessimistisch-dekadent ablehnend, die meisten hilflos vor dem hohen Anspruch der schwer verständlichen und schonungslosen Texte. Auf der anderen Seite kann man aber auch feststellen, wenn man die Rezeption dieses Autors in den siebziger Jahren im Westen, aber auch im Osten verfolgt, daß immer mehr Menschen von der poeti-

schen Kraft dieser Stücke angezogen werden. Bei Müller geht es nicht, wie heute im Gegenwartstheater so oft, um bloß private Probleme des Autors als Intellektuellen oder um bekannte Alltagsschwierigkeiten, die moralisierend
5 oder agitierend abgehandelt werden, sondern um existentielle Konflikte des gesellschaftlichen Subjekts in der zerreißenden Spannung von dauernder geschichtlicher Unterdrückung und doch vitalem unzerstörbarem Verlangen nach Glück und Selbstverwirklichung in der Gesell-
10 schaft.
Daß Müller sein großes Thema nicht naturalistisch an einzelnen geschichtlichen Situationen abhandelt, sondern offene Modelle historischer Prozesse ausarbeitet, die den Zuschauer eigene gesellschaftliche Erfahrungen aktualisie-
15 ren lassen, macht seine dramatischen Spiele für viele so anziehend. An der Fragmentarisierung und Verzerrung der Stoffe, an der konsequenten Metaphorisierung der dramatischen Sprache, die dem Zuschauer nicht Aussagen liefert, sondern ihn zu eigenen Deutungen und Lernprozessen
20 auffordert, läßt sich erfahren, wie sehr dieser Autor sein Publikum als Ko-Produzent ernst nimmt, wie sehr Theater für ihn ein »Laboratorium sozialer Fantasie« (Brief an Martin Linzer, Text I, 2) darstellt, Hoffnung im Alptraum bisheriger Geschichte.

I. Aussagen des Autors

1. Heiner Müller: Geschichte und Drama

(1976)

[...] Geschichtsdrama ist ein Begriff, mit dem ich praktisch nicht viel anfangen kann, weil vom Theater her gesehen 5 jedes Drama ein Gegenwarts- und damit ein Geschichtsdrama ist. Die Leute sitzen im Theater, erleben in diesem Augenblick, in dieser Zeit ein Stück und beziehen es auf die geschichtliche, gegenwärtige Situation, in der sie leben. Genauso ist es beim Schreiben. Jeder Autor befindet sich 10 in einer bestimmten geschichtlichen Situation. Ich glaube, entscheidend ist: Der Historismus ist vorbei. Das war eine kurze Zeitspanne, in der man versucht hat, historische Dramen zu schreiben. Man nennt das Kostümstücke. Jetzt kann man über Geschichte nur noch schreiben, wenn man 15 seine eigene historische Situation mitschreibt. [...]

Ich glaube nicht mehr, daß man heute noch vergangenheitsgeschichtliche Stoffe in aller Ruhe bearbeiten kann, weil nämlich die Zeit sehr drängt. Es müssen jetzt sehr schnell ganz entscheidende Lösungen gefunden werden für 20 Probleme, die vielleicht in fünfzig Jahren nicht mehr zu lösen sind. Und da fände ich es parasitär, wenn man jetzt ein Stück schreibt über Spartakus, über Friedrich den Großen, über Thomas Müntzer oder wen immer. Einen historischen Stoff nehmen und sauber abschildern, das 25 kann ich nicht. Ich glaube auch nicht daran. [...]

Eine Schlußfolgerung aus dieser so drängenden und dringlichen Lage ist, daß man die Epochen zusammenschiebt, daß man jetzt in einer Art Zeitraffer auf die Geschichte, die Vergangenheitsgeschichte, blickt. Damit 30 stellt sich die Frage, ob man nicht im Geschichtsdrama heute den Anachronismus braucht. Der Anachronismus war auf jeden Fall ein wichtiges Strukturelement in der elisabethanischen und spanischen Dramatik, also in der klassischen Dramatik. Und ich glaube, daß es jetzt wieder 35

so ist, daß man ohne Anachronismen Geschichte nicht
mehr beschreiben kann. Ich meine, Geschichte so beschreiben kann, daß die Beschreibung auf eine Zukunft orien-
tiert ist. [...]
5 Ich will ein Beispiel erzählen aus ›Germania‹. Es ist zwar
immer mißlich, einzelne Szenen nachzuerzählen; aber ich
will es versuchen. Da ist 1949 oder 50 eine Feier in einem
Schloß oder einem ehemaligen Schloß, ein Regierungs-
empfang. Und da wird unter anderem auch ein Maurer, der
10 ›Held der Arbeit‹ ist, eingeladen. Es fällt ihm schwer, sich
am kalten Buffet zurechtzufinden. Er hat noch nie vor
einem kalten Buffet gestanden, wo es zwei Sorten von
Kaviar gibt und das alles. [...] Der Funktionär fragt ihn,
was er möchte. Und der Maurer sagt ihm, er möchte ein
15 Kotelett und ein Bier. Das kriegt er schließlich auch und
setzt sich damit auf einen Empirestuhl und fühlt sich da
ganz wohl. Doch dann kommt Friedrich der Große als
Vampir und versucht, ihn aus diesem Stuhl zu vertreiben.
Das klingt zwar jetzt etwas komisch, ist aber ein Beispiel
20 für das, was ich meine. Weil natürlich das preußische Erbe
auch etwas ist, was die DDR zu tragen hat, in vieler
Beziehung. Da war ein Beamtenstaat und ein Staat, wo die
Leute zu Untertanen erzogen wurden. Und das bot sich an
in der Situation nach 45. Damals war man froh über jeden,
25 der sich wie ein Untertan verhielt und bereit war, die neue
Richtung einzuschlagen. Und es hat einfach noch zu wenig
Gelegenheit gegeben, den Leuten das abzugewöhnen. [...]

Geschichte und Drama. Ein Gespräch mit Heiner Müller am 22. 11.
1975 in Madison, USA. In: Basis – Jahrbuch für deutsche
30 *Gegenwartsliteratur, Band 6. Suhrkamp Verlag, Frankfurt a. M.*
1976, S. 48–54. Ausschnitte.

2. Heiner Müller:
[Die Produktivität des Fragments]

(1975)

[...] Die Fragmentarisierung eines Vorgangs betont seinen Prozeßcharakter, hindert das Verschwinden der Produktion im Produkt, die Vermarktung, macht das Abbild zum Versuchsfeld, auf dem Publikum koproduzieren kann. Ich glaube nicht, daß eine Geschichte, die »Hand und Fuß hat« (die Fabel im klassischen Sinn), der Wirklichkeit noch beikommt. Übrigens handelt der Text von Situationen, in denen Individuelles nur partikulär zur Wirkung kommt, zersprengt von Zwangslagen (die natürlich, unter bestimmten Bedingungen, von Individuen herbeigeführt worden sind).

Zu Ihrem, wie ich meine, Kurzschluß von Verknappung auf Brutalität (zweite Lieblingsvokabel verhinderter Zensoren, aus denen sich die akademische Journaille, der Sie nicht angehören und mit der zu polemisieren mich langweilt, heute wie gestern rekrutiert): Ich habe nicht das weit genug verbreitete Talent, ein abgearbeitetes Publikum mit Harmonien aufzumöbeln, von denen es nur träumen kann. Wenn ich auf Ihre Frage, warum unsre Theater sich mit meinen Stücken »schwer tun« (ein Euphemismus: im allgemeinen tun sie mit meinen Stücken gar nichts), den Naturalismus zitiere, in dem die Theater bis zum Hals stecken, ist das nicht falsch, aber eine halbe Antwort. Naturalismus ist Austreibung des Autors aus dem Text, der Wirklichkeit des Autors (Regisseurs Schauspielers Zuschauers) aus dem Theater.

[...] Ein Text lebt aus dem Widerspruch von Intention und Material, Autor und Wirklichkeit; jedem Autor passieren Texte, gegen die sich »die Feder sträubt«; wer ihr nachgibt, um der Kollision mit dem Publikum auszuweichen, ist, wie schon Friedrich Schlegel bemerkt hat, ein »Hundsfott«, opfert dem Erfolg die Wirkung, verurteilt seinen Text zum Tod durch Beifall.

Theater, so betrieben, wird Mausoleum für Literatur statt Laboratorium sozialer Fantasie, Konservierungsmittel für

abgelebte Zustände statt Instrument von Fortschritt. Talent ist ein Privileg, Privilegien müssen bezahlt werden. Mit der Enteignung im Sozialismus wird Weisheit borniert, der Aphorismus reaktionär; die Pose des Klassikers erfor-
5 dert homerische Blindheit.

Daß wir, nach Brecht, noch/wieder am Naturalismus würgen, hat mit der (unbewältigten) Dialektik von objektiver Enteignung und subjektiver Befreiung zu tun. Wir können uns aus unsrer Arbeit nicht mehr heraushalten.
10 [...]

Brief an den DDR-Journalisten Martin Linzer. In: Heiner Müller: Theater-Arbeit. Rotbuch 142. Rotbuch Verlag, Berlin 1975, S. 125f. Ausschnitte.

3. Heiner Müller: [Über das Publikum]

15 *(1975)*

[...] Ich habe, wenn ich schreibe, immer nur das Bedürfnis, den Leuten so viel aufzupacken, daß sie nicht wissen, was sie zuerst tragen sollen, und ich glaube, das ist auch die einzige Möglichkeit. Die Frage ist, wie man das im Theater
20 erreicht. Daß nicht, was für Brecht noch ein Gesetz war, eins nach dem anderen gebracht wird. Man muß jetzt möglichst viele Punkte gleichzeitig bringen, so daß die Leute in einen Wahlzwang kommen. D. h., sie können vielleicht gar nicht mehr wählen, aber sie müssen schnell
25 entscheiden, was sie sich zuerst aufpacken. Und es geht nicht mehr einfach so, daß man ihnen eine Information gibt und sagt, jetzt gibt es aber auch noch das. Es geht, glaube ich, nur noch mit Überschwemmungen. [...] Ich glaube, es gibt beim Publikum einen Widerspruch zwischen Interesse
30 und Bedürfnis. Was die Leute interessiert, ist das, was sie nicht brauchen, und das, was sie brauchen, interessiert sie nicht. Man muß wirklich Wege finden, das zu machen, was sie brauchen, obwohl sie sich dagegen wehren. Das, was sie eigentlich wollen im Theater, goutieren sie am wenigsten.
35 Genauso, wie es im Theater eine Differenz gibt zwischen

Erfolg und Wirkung. Das ist, glaube ich, ein Gesetz. Und wenn das kongruent wird, ist es ein Krisensymptom. Darüber braucht man nicht zu sprechen, es ist eine allgemeine Erscheinung, daß schlechte Stücke oder Insze- nierungen mehr Publikum haben als gute. Da muß man 5 einfach die Nerven haben, das durchzustehen und abzu- warten, bis sich das verbraucht hat.

Gespräch zwischen Horst Laube und Heiner Müller. In: Theater 1975. Sonderheft von ›Theater heute‹. Friedrich Verlag, Velber bei Hannover (jetzt: Seelze), S. 121. Ausschnitt. 10

II. Interpretationen

1. Genia Schulz: Germania Tod in Berlin

(1980)

›Germania Tod in Berlin‹ gehört, wie ›Schlacht‹/›Traktor‹,
5 in die Reihe der Selbstbearbeitungen. 1956 (das Jahr des
XX. Parteitags der KPdSU) und 1971 (das Jahr des
Beginns der Honecker-Ära nach dem VIII. Parteitag der
SED) sind die Entstehungs- bzw. Bearbeitungsdaten. Auch
die Linie zum Preußenstück ›Leben Gundlings‹ liegt the-
10 matisch und formal nahe – aber die Technik der Collage
und Montage, die Müllers Werk der 70er Jahre äußerlich
kennzeichnet, dient hier dem Versuch, Vorgeschichte und
Aktualität der DDR gegenüberzustellen: das Preußische in
der DDR, die Geschichte Deutschlands in der DDR, die
15 Niederlage der Arbeiterbewegung in der DDR.
Germania ist die Verkörperung des deutschen Volkes in
der Gestalt einer Frau im Waffenschmuck, ein Land der
Krieger wie das alte Rom, ein Volk der Selbstzerfleischung
wie die Nibelungen, ein Volk in Waffen, an denen es am
20 Ende selbst zugrunde geht: Tod im (gespaltenen) Berlin.
In der Form einer Abhandlung, eines Traktats über dieses
Thema Germania/DDR ist die Szenenfolge geordnet. Zu
fast jedem Titel gibt es zwei sich spiegelnde Szenen, wobei
die zweite immer eine Alltagsszene aus der DDR darstellt.
25 Diese Szenen umspannen die Periode vom Gründungstag
1949 über den Todestag Stalins im Februar 1953 bis zu den
Ereignissen um den 17. Juni. In der jeweils ersten Szene
findet man ein oft rätselhaftes Pendant einer historischen,
surrealen, poetischen Szenerie aus der Geschichte
30 (Deutschlands, der kommunistischen Bewegung), aus der
Welt-Literatur und aus dem eigenen Werk Müllers: ein
gigantisches Spiegelkabinett von Bezügen.
Das Stück beginnt mit der Niederlage der Novemberrevolution nach dem Ersten Weltkrieg (›Die Straße 1‹).
35 ›Die Straße 2‹ zeigt den gleichen Schauplatz am Grün-

dungtag der DDR, die das demokratische Erbe der bürgerlichen 48er Revolution und der Novemberrevolution zu
Ende führen wollte.

Was beide Szenen verbindet, ist die Hervorhebung derjeni-
gen Kräfte, die der Revolution im Wege stehen: der (vor
allem am Kleinbürgertum festgemachte) Opportunismus,
die Kälte der Geschäftemacher, die Geldgier, das unbe-
lehrbar reaktionäre Denken. Zwischen Prostitution und
Opportunismus wird die Parallele gezogen, aber nicht ver-
festigt: Gegen die Polizei üben die eben noch sich in den
Haaren liegenden Huren Solidarität. Die Besonderheit der
Szene besteht vor allem darin, daß Müller aller Feierlich-
keit vorbeugt, indem er die Staatsgründung der DDR im
Spiegel dieses Milieus zeigt.

Die Schwierigkeiten der Erneuerung, die das erste Szenenpaar vorführt, werfen die Frage nach jener Klasse auf, die
ihr 1918 wie 1949 den heftigsten Widerstand entgegen-
setzte. Müller läßt daher die Geschichtsuhr rückwärts
laufen und erzählt von der Geschichte des deutschen, mit
dem Preußentum unlöslich verfilzten Bürgertums – aller-
dings in vieldeutiger Verhüllung.

›Brandenburgisches Konzert 1‹ führt zwei Clowns in der
Manege vor. Sie spielen Friedrich II. und den Müller von
Potsdam. Allegorisch wird hier die deutsche Misere durch-
gespielt: der Feudalabsolutismus in Kontrast/Bündnis/Sieg
über das Bürgertum, das sich zunächst als gleichberechtig-
ter Partner wähnt, mitspielen will, die Aristokratie nach-
ahmt und zuletzt, unter dem Kommando des Feudalismus
als Militarismus, sich masochistisch unterwirft, am Krückstock aufgerichtet, den es gegessen (verinnerlicht) hat,
»Haltung annimmt« und in den Krieg mitmarschiert. Die
bürgerliche Kunst der Produktion (Müllers Mühle) konnte
vor der feudalen Präsentationskunst nicht bestehen. Nur
als beide Clowns vor dem plötzlich auftauchenden Löwen
(dem kämpferischen Proletariat) auf ein Seil flüchten – die
Zirkusnummern überkreuzen sich, die Geschichte (der
Ablauf) scheint für einen Augenblick gestört –, da halten
sie für kurze Zeit zusammen, um dann aus Mangel an
Selbstdisziplin das rettende Seil nach oben loszulassen. Sie

fallen auf den Löwen, der sich als kraftlose Maskerade erweist, sich spaltet und nach zwei Seiten (der Geschichte) abgeht.

›Brandenburgisches Konzert 2‹ zeigt eine andere Art, mit Friedrich II., dem Repräsentanten des Feudalabsolutismus, umzugehen. Ein Maurer in der jungen DDR hat als Aktivist im Auftrag des neuen Staates das Denkmal des großen Preußen von seinem angestammten Platz gerückt, aber er tat es auf genuin preußische Weise: durch Pflichterfüllung über Gebühr. Für die Weltbestzeit im Verschieben des Denkmals wird er als Held der Arbeit von der Staatsmacht zum kalten Buffet auf Schloß Sanssouci geladen, verdirbt sich aber den Magen mit den ungewohnten Speisen. Für kurze Zeit allein gelassen, setzt er sich auf den berühmten Armsessel, in dem der Alte Fritz starb, und wird von ihm in Gestalt eines Vampirs heimgesucht. Mit Friedrichs eigener Krücke kann sich der Aktivist der verschiedenen Angriffe und Offerten mühsam erwehren. Erst als ein Genosse mit einem proletarischen Mahl für den Arbeiterhelden auftritt, verschwindet der Vampir, aber die neue Regierung tritt in seine Spur: Das Volk/die Untertanen werden mit billigen Zugeständnissen geworben, damit sie sich an den Staat gewöhnen.

Die Paarung der Szenen macht also die Differenz und Kontinuität zugleich deutlich. Die preußische Bürokratie, die Bestechung der Produzenten durch eine herrschende Kaste hat aufgehört, denn es gibt eine sozialistische Staatsmacht. Andererseits setzt das ›Brandenburgische Konzert‹ sich fort: Neupreußische Bürokratie und der Widerstand großer Schichten des Volks gegen den Sozialismus lassen ahnen, daß der Vampir der alten Verhältnisse noch umgeht: Restauration ist nicht ausgeschlossen.

Der Reigen der Assoziationen wird fortgesetzt, indem nach den Widerständen gegen die Revolution, nach dem Thema Bürgertum und Preußen eine reale Figur und zugleich symbolische Inkarnation der in und aus Gewalt nur geborenen und damit widersprüchlichen Revolution erscheint: ›Hommage à Stalin‹ (1 und 2) heißen die nächsten beiden Szenen, in denen Stalin als Vorbild der

Künstler erscheint, der Sozialismus in einem Lande als ästhetisches Modell, der Staat als Gesamtkunstwerk, der Sozialismus als kollektiver Kult um eine (mythische) Person. ›Hommage‹ ist aber auch der Treueeid der Vasallen, wie ihn die Nibelungen bis zur Konsequenz der Selbstzerfleischung halten. Nibelungentreue als deutsche (politische) Tugend hat auch in der Arbeiterbewegung nach der Novemberrevolution zu grausigen Folgen geführt. Die Hörigkeit der deutschen Kommunisten, die ihrer eigenständigen Führer durch die Konterrevolution beraubt worden waren, und aus Pflichtgefühl und Unselbständigkeit die sowjetischen Staatsinteressen vor die eigene politische Analyse stellten, hat den Widerstand der beiden Arbeiterparteien gegen den Faschismus sabotiert. Stalin selbst hat dessen Sieg begünstigt, weil er ihn für historisch unvermeidlich erklärte und nach seinem notwendigen Zusammenbruch den automatischen Sieg der sozialistischen Revolution prognostizierte. [...]

Da der Sozialismus selbst sich vom allgemeinen Gemetzel nicht mehr abhebt, sondern tief in ihn verstrickt ist, sind alle Hoffnungen überschattet von Trauer und Skepsis, und diese Wahrheit findet Ausdruck durch die geheimnisvolle Figur des »Schädelverkäufers«, der plötzlich in der realistischen Szenerie der Kneipe erscheint. Marx nannte das revolutionäre Proletariat den »Totengräber« der bürgerlichen Gesellschaft. Der Marxist Müller nimmt dieser hoffnungsträchtigen Denkfigur ihre Zukunftsgewißheit. Müllers barocke Figur ist zugleich Allegorie auf den melancholischen Marxisten, der in alle Zukunftsprojektionen das Memento Mori einträgt. Dem jungen Maurer, der eine Hure für eine Jungfrau hält und sie heiraten will (deutlich läßt sich im Folgenden diese Hure als die kommunistische Partei entschlüsseln), bietet er fürs »neue Heim« einen Totenschädel als Erinnerungsstück an, der der naiven Euphorie des Aufbaus und des Neubeginns entgegengehalten wird: Wie kann man dem Marxismus noch vertrauen, der sich in der Analyse des Faschismus so gründlich täuschte? [...]

In der Zeit Stalins und der Weltschlächterein fällt ein
langer Schatten auf alle utopischen Hoffnungen, daher
wird gegen den Geschichtsoptimismus das Memento mori
gesetzt – nicht der Geschichtspessimismus. Die Identifika-
5 tion mit der barocken Melancholie, *nachdem* die Geschichte abgelaufen ist, ermöglicht die Erinnerung an die
Opfer der Geschichte ohne Ressentiment und Wehleidig-
keit. Deutlich porträtiert der Autor Müller sich selbst, gerade auch als Verfasser von ›Germania Tod in Berlin‹.
10 Die beiden folgenden Szenen 7 und 8, ›Die Heilige
Familie‹ und ›Das Arbeiterdenkmal‹, greifen das von der
finsteren Figur des Schädelverkäufers nahegelegte Thema
des Weiterwirkens der reaktionären Kräfte auf, in einer
grotesken (westlichen) und einer tragischen (östlichen)
15 Variante. Im Westen sieht man, wie die militärische
Niederlage des Hitler-Faschismus sein Weiterleben in ver-
änderter Form nicht ausschließt. An der DDR wird im
Kontext des 17. Juni gezeigt, wie stark auch dieses Germania noch bedroht ist.
20 Szene 7, ›Die Heilige Familie‹, führt in chaplinesker
Parodie die Geisterstunde der deutschen Geschichte vor:
Im Führerbunker Hitlers wird im Verwechselspiel die
Heilige Familie zur Produktionsstätte eines Welterlösers:
Hitler als Gottvater, Josef Goebbels als Maria, Germania
25 als Stammutter Hitlers und Hebamme beim gebärenden
Goebbels, der einen Contergan-Wolf (die Bundesrepublik
Deutschland) zur Welt bringt, einen mißgestalteten Nach-
kommen, dem die alliierten drei Könige trotz seines
grauenhaften Anblicks mit Gaben huldigen. Germania, das
30 deutsche Volk, ist keine kämpfende Frau und Mutter
mehr, sondern wird, nachdem sie ihre Geburtshilfe gelei-
stet hat, gefoltert und vernichtet von dem, den sie selber
großgezogen hat.
Szene 8, ›Das Arbeiterdenkmal‹, ist eine Verarbeitung des
35 17. Juni 1953, des ›Tags der Einheit‹, der in Wahrheit die
endgültige Entzweiung Germanias, ihren Tod in Berlin gebracht hat. Es handelte sich zunächst um einen Aufstand
von bewußten, an die Kampftradition der Arbeiterbewegung anknüpfenden Arbeitern, die nicht den Sozialismus,

nicht den Staat DDR angreifen wollten. Sie machten von ihrem verfassungsmäßigen Streikrecht Gebrauch und verlangten die Rücknahme der erhöhten Normen, die den ›Neuen Kurs‹ garantieren und realisieren mußten, der eine Steigerung des Lebensstandards vorbereiten und den forcierten Aufbau der Schwerindustrie verlangsamen sollte. Gerade die nichtproletarischen Schichten wurden von der Arbeiterregierung begünstigt und umworben, nur die Arbeiter selbst sollten – als staatstragende Klasse – mit Opfern diesen Kurs ermöglichen. So ergab sich das Paradox, daß ausgerechnet die ›herrschende‹ Arbeiterklasse wieder die benachteiligte sein mußte, die sie immer schon gewesen war. In der gespaltenen Hauptstadt, dem Herzen der Nation, stirbt, nach Müllers Text vorläufig endgültig, die Kraft der deutschen Arbeiterbewegung, stirbt auch Deutschland – Germania(s) Tod in Berlin. Mit den Paradoxien des 17. Juni setzt Müller seinen Schlußpunkt unter eine Szenenreihe, in der die neuere deutsche Geschichte als Abfolge nationaler und politischer Todeskrämpfe erscheint.

Viele Arbeiter sind ehemalige Nazis; u. a. weil Nationalsozialisten im Rahmen der Entnazifizierung 1945 aus den Ämtern in die Produktion geschickt wurden. Dadurch sollte der Staatsapparat frei gemacht werden für die Übernahme durch Kommunisten und zunächst auch Sozialdemokraten. Die Arbeiterklasse in der Produktion ist also wie in der Vorkriegszeit gespalten. Im Augenblick der Krise bricht das Verdrängte wieder hervor. Darum läßt Müller in dieser Szene die ehemaligen Nazis die ersten sein, die einen Streik begrüßen – unter demagogischer Berufung auf die alte Proletariertradition. Mit Unterstützung aus dem Westen meinen sie rechnen zu können: Der ›Russenstaat‹ soll gestürzt werden, die deutsche Nation soll leben.

Der Bauarbeiter Hilse, die zentrale Figur auf dem Bauplatz (der DDR) am 17. Juni, ist eine tragische Weiterführung der Figur des Aktivisten aus der Szene ›Brandenburgisches Konzert 2‹ und der Garbe-Gestalt aus dem ›Lohndrücker‹. Es ist der Arbeiter, der an seine Regierung

glaubt und den spontanen Aufstand sabotiert, weil er sieht,
daß Antikommunisten und alte Nazis den Streik wollen.
Aber er übersieht, daß auch junge Arbeiterkollegen,
Kommunisten sich daran beteiligen. Staats- und regie-
5 rungstreu wie die Arbeiter der Sozialdemokratie steht er
auf der verlassenen Baustelle mit zwei Kellen, als müsse er
für die Kollegen mitarbeiten; Rocker fordern ihn zum
Streik auf und steinigen ihn nach seiner Weigerung zum
›Arbeiterdenkmal‹, zum Märtyrer einer unbegriffenen
10 Geschichte. [...]

Die Spiegelszene ›Die Brüder 1‹ ist ein Text aus Tacitus'
›Annalen‹ über Germania. In ihm wird von zwei Brüdern
berichtet, Flavius, dem Klugen, der den eigenen Vorteil
sucht und sich deswegen in fremdem Dienst bewährt, und
15 dem prinzipientreuen Armenius, der die Ehre des Vaterlandes über alles stellt. Verkehrt wird die Konstellation der
feindlichen Brüder gespiegelt, in der der umsichtige Op-
portunist der Nazi ist und der KPD-Bruder als standfester
Ehrenmann auftritt – diesmal nicht im Dienst der Nation,
20 sondern der Partei, der übergeordneten Sache.
Vor das letzte Szenenpaar, ›Tod in Berlin‹ 1 und 2, hat
Müller ein ›Nachtstück‹ gesetzt, eine Mischung aus surrea-
ler Prosa und Anweisung zu einer Pantomime. Titel und
Anlage der Pantomime wecken mancherlei Assoziationen.
25 Zunächst ist die Szene Müllers frappierende Antwort auf
den fragenden Aufschrei des Kommunisten am Ende der
vorangegangenen Szene: »Wer bin ich?« ›Nachtstück‹ ist
ein Begriff aus der Musik (Notturno) und Malerei (ein
Bild, dessen nächtliche Dunkelheit durch Mondschein oder
30 Feuer ein wenig erhellt ist), der an den Nihilismus der grotesken ›Nachtwachen‹ des Bonaventura oder an E. T. A.
Hoffmanns oft grausige ›Nachtstücke‹ denken läßt, auch an
Figuren Müllers, wie Kleist und Lessing in ›Leben Gundlings‹ oder Ophelia/Elektra in der ›Hamletmaschine‹. Zu
35 vergleichen ist die Pantomime zudem mit Brechts ›Badener
Lehrstück vom Einverständnis‹, in dem ein Mann sich von
zwei Clowns nach dem Bibelspruch »Wenn dich dein Auge
ärgert, reiß es aus« Stück für Stück demontieren läßt.

92

Der »Mensch« des ›Nachtstücks‹ ist »vielleicht eine Puppe«, überlebensgroß, mit Plakaten bekleidet, einem Gesicht ohne Mund, die sich im Verlauf der Szene selbst zerstückelt. Am Ende weint sie mit jedem Auge eine Träne und bekommt dann (dem antiken Ödipus bei Erkenntnis 5 der Wahrheit seines Schicksals gleich) die Augen mit zwei Beckett-Stacheln ausgestochen (vgl. Becketts ›Spiel ohne Worte‹): »Aus den leeren Augenhöhlen des Menschen, der vielleicht eine Puppe ist, kriechen Läuse und verbreiten sich schwarz über sein Gesicht. Er schreit. Der Mund 10 entsteht mit dem Schrei.« Unentscheidbar, ob diese groteske Selbst-Demontage Bild für Germania selbst, für den Kommunisten, das Bewußtsein des Autors oder all dies zusammen ist. Deutlich ist nur eine poetische Logik, nach der alle Figuren der Selbstzerstörung, Fragmentierung und 15 verzweifelten Trauer hier noch einmal in einer Pantomime zusammengefaßt werden.

›Tod in Berlin‹ 1 und 2 zeigt nach dem letzten Aufschrei das Ende Germanias in ihrer Hauptstadt, nachdem sie wie im ›Nachtstück‹ in ihre einzelnen Glieder nach und nach 20 zerrissen wurde. Die erste Szene besteht nur aus einem Zitat. Georg Heyms Sonett von 1910, ›Berlin VIII‹ (III), antizipiert das Scheitern der Novemberrevolution im Bild der niedergeworfenen Jakobinerherrschaft, Symbol für den Untergang aller ›roten‹ Volksaufstände, von der Pariser 25 Kommune bis zur Degeneration der kommunistischen Revolution in unserem Jahrhundert. Robesspierres Strickweiber stricken »zu den Klängen der Marseillaise«, »dem alten Sturmgesang« auf dem Armenfriedhof den Toten Mützen aus Ruß. 30

›Tod in Berlin‹ 2 führt in Analogie zum Schluß von G. Hauptmanns Drama ›Die Weber‹ das Schicksal Hilses zu Ende und schließt die Ereignisse um den 17. Juni symbolisch ab, wobei der Text kreisförmig auf seinen Anfang zurückgeht, die gescheiterte Novemberrevolution, die 35 Spaltung der Arbeiterbewegung und dann Deutschlands. Damit wird das Generalthema der vielen Assoziationsräume von ›Germania Tod in Berlin‹ angeschlagen: das Scheitern aller revolutionären Aufstände in Deutschland

vom Weberaufstand 1844 über die Januarkämpfe des
Spartakus 1919, der die kommunistische Partei ihre beiden
Führer kostete, bis zum Unvermögen der deutschen Arbei-
ter, den Nationalsozialismus zu bekämpfen und zu besie-
gen, so daß selbst nach der Niederlage des Faschismus der
Wille zur sozialistischen Revolution keineswegs allgemein
war, der verlorene Weltkrieg nicht zu Bürgerkrieg und
Revolution führte.

Hilse, das »Arbeiterdenkmal«, liegt im Sterben. Doch
nicht die Steine der Feinde, die ihn zum Denkmal machten,
sondern ein bis zu diesem Augenblick verborgener Krebs,
den die Ärzte bei seiner Einlieferung entdeckten, ist die
Ursache seines Todes. Das Geschwür im Kommunismus
macht den alten Proletarier todkrank, während die Steine,
die ihn trafen, diese Erkenntnis nur beschleunigten.

Der Krebs in Hilse aber ist, daß er richtig und falsch
zugleich gehandelt hat und sich in diesem Widerspruch,
den er nicht begreift, zerreißt. Während sich Hauptmanns
Hilse durch Gottesglauben aus der Geschichte heraushalten will und von der Gewalt der Geschichte tödlich
getroffen wird, stirbt Müllers Hilse am Glauben an die
Staatspartei und ihre richtigen Entschlüsse, während er in
der Tradition der Arbeitersolidarität zu stehen meint. [...]

*Genia Schulz: Heiner Müller. Sammlung Metzler, Band 197. J. B.
Metzlersche Verlagsbuchhandlung, Stuttgart 1980, S. 129–137.
Ausschnitte.*

2. Roland Clauß: [Historische Erfahrung als Thema von Heiner Müllers Geschichtsstücken]

(1978)

In der Historiographie der DDR wird die Geschichte des sozialisti- 5
schen Staates so periodisiert:

Nach der »antifaschistisch-demokratischen Umwälzung« in
den Nachkriegsjahren sah die Partei die Gesellschaft im
»Übergang vom Kapitalismus zum Sozialismus« begriffen.
1961 endete die Phase mit dem »Sieg der sozialistischen 10
Produktionsverhältnisse« und mündete folgerichtig in die
bis heute andauernde Periode des »umfassenden Aufbaus
des Sozialismus«. Zukunft wie Vergangenheit sind für
diese sich mit angeblicher geschichtlicher Notwendigkeit
höher entwickelnde Gesellschaft keine Fragen mehr. Wie 15
sie gesetzmäßig dem Kommunismus näherkommt, so hat
sie ihre bedenkliche Vergangenheit längst bewältigt. Die
antagonistische Gewalt der alten Widersprüche kennt sie
nicht mehr, der Faschismus ist nur noch Thema für die
anderen, denen man bekanntlich eine ganze historische 20
Epoche voraus ist.
Solche konstruierte Automatik dichtet den Geschichts-
prozeß ab gegen die Teilnahme des historischen Subjekts.
Nicht mehr die widersprüchlichen Erfahrungen des einzelnen konstituieren die gesellschaftliche Entwicklung, son- 25
dern diese haben sich einzufügen in die ›prästabilierten
Harmonien‹ der Planer. [...] Die Entwicklung der sozialistischen Gesellschaft in der DDR scheitert so am unverändert aus den überkommenen Verhältnissen tradierten
Bewußtsein und Verhalten der Individuen; anders gesagt: 30
Die geschichtlichen Möglichkeiten der Gesellschaft können
nicht realisiert werden, da ihnen keine Erfahrungen der
Menschen entsprechen. [...]
Der Ungeheuerlichkeit der von außen in die Katastrophe
des deutschen Faschismus importierten Revolution wurde 35
für Müller die Politik in der DDR nicht gerecht. Anstatt
die Schrecken der Vergangenheit in harter Auseinander-

95

setzung zu verarbeiten, gefiel man sich im Abglanz der
sozialistischen Zukunft. [...] An die Stelle dieses illusionä-
ren Vorgriffs tritt bei Müller der »Dialog mit den Toten«.
[...] In seinen Geschichtsstücken wird die historische
5 Erfahrung ausdrücklich zum Thema. Mit seltener Rigorosi-
tät führen sie die unterbliebene Auseinandersetzung mit
unreflektiert weiterwirkenden Werten und Haltungen der
voreilig als vergangen angesehenen Geschichte. [...] Bei
Marx heißt es: »Die Tradition aller toten Geschlechter
10 lastet wie ein Alp auf den Gehirnen der Lebenden.« Im
›18. Brumaire‹ wird gesprochen von der »erborgten Sprache« bisheriger Revolutionen, die, um wirklichen
Gebrauch des Neuen zu ermöglichen, auch einer »neuen
Sprache« weichen muß.
15 Stillstellung des Geschehens ist dabei getreu Benjamin-
scher Philosophie das Erkenntnis schaffende Prinzip der
ästhetischen Wirkung. »Die Entdeckung der Zustände
vollzieht sich mittels Unterbrechung von Abläufen«, sagte
Benjamin 1939 über die Verfremdungen im epischen
20 Theater Brechts. In Müllers Stücken, geschrieben mit einer
ausgefeilten Schocktechnik, erfährt der Satz seine Radikalisierung. Nicht nur die Momente der Zukunftslosigkeit
lassen den Fluß der Ereignisse plötzlich stocken; das
vorgeführte Stakkato der Schreckensbilder, die Diskonti-
25 nuität der Teile und Abruptheit der Fügungen lassen die
Zeit des Stückes stets neu einstehen, sprengen die leere
Kontinuität der zukunftslosen Verhältnisse des Zuschauers
mit dem Ziel, bessere zu ermöglichen.

Roland Clauß: Held oder kollektives Subjekt. Die Problematik der
30 *DDR-Literatur. Diss. phil., Göttingen 1978 (Masch.-Schr.), S. 271*
bis 276. Ausschnitte.

3. Genia Schulz: Der Auftrag

(1980)

›Der Auftrag – Erinnerung an eine Revolution‹ ist 1979 geschrieben und bald darauf in der DDR und der Bundesrepublik veröffentlicht worden. Das Stück verwendet Motive einer Erzählung von Anna Seghers (›Das Licht auf dem Galgen‹ [...]) über den mißglückten Versuch dreier Emissäre der Regierung zur Zeit der Französischen Revolution, einen Aufstand der Sklaven auf der Kolonie Jamaika zu organisieren. Müllers Werk versucht an diesem Stoff das linke Bewußtsein der Gegenwart zu beschreiben: Die ›verratene‹ Revolution durch einen Usurpator (Napoleon/Stalin), die dem Auftrag der drei willkürlich ein Ende setzt, ist nur die eine Hälfte des Problems. Die andere umfaßt die Autonomie der Dritten Welt, die Emanzipation der versklavten Völker von den weißen Herren ebenso wie von den weißen Helfern und die Möglichkeiten und Grenzen der Solidarität. (In ›Sinn und Form‹ [in der DDR erscheinende Kulturzeitschrift] erschien der ›Auftrag‹ im Kontext der Problemstellung »Dritte Welt«.)

Das Stück beginnt mit der Übergabe eines Briefes, den einer der drei Emissäre auf dem Totenbett geschrieben hat, um seinem Auftraggeber in Paris die Rückgabe des Auftrags zu melden. Sein schwarzer Mitkämpfer, Sasportas, ist gehängt worden, der Weiße Debuisson ist zum Verräter an der Sache geworden. Das Unternehmen ist gescheitert. Antoine, der Auftraggeber, ist vom Boten, einem Matrosen, nur mit Mühe aufzufinden und verleugnet sich schließlich, »verrät« den Schreiber: »Ich kenne keinen Galloudec.« Erst als der Matrose nicht nur vom Todeskampf Galloudecs, sondern vom gehängten Sasportas berichtet, gibt Antoine seine Identität zu erkennen und erklärt seine Lage: Das Ende der Revolution zwingt ihn zur Tarnung seiner Vergangenheit. Als der Matrose geht, bricht Antoine zusammen: Der ehemalige Auftraggeber im Namen des Konvents weist die Last der Verantwortung für die Toten zurück. [...]

Die erste Szene gibt mit der Aufnahme des Briefes für den

Zuschauer gleichsam die Rezeptionssituation für das folgende Stück vor, das den am Anfang gezeigten resignativen Bewußtseinsstand der Gegenwart durch die Schilderung des Vorgefallenen erläutert. Die Briefzustellung, die kontrastiv im Matrosen einen zielstrebigen Erfüller seines Auftrags vorstellt, zeigt den geschichtlichen Stand an: Nicht nur die Beauftragten haben eine Niederlage erlitten – auch der ehemalige Auftraggeber ist aus der Geschichte gefallen.

Der zweite Akt zeigt die erste Anprobe der konspirativen Masken, die die Revolutionäre für ihre »Arbeit« brauchen. [...]

Klassenkampf wird zum Kampf gegen die Weißen. Sasportas, der Schwarze, sieht sich selbst inmitten seiner weißen Mitstreiter in einer doppelten Auftragstellung: in den Sklaven die Farbigen zu befreien. Galloudec ahnt diese Radikalisierung: »Wir sind nicht hier, um einander unsre Hautfarbe vorzuhalten, Bürger Sasportas.« Müller ließ an einer Stelle im Manuskript Sasportas sagen: »Der Tod ist die Maske der Revolution«, und Debuisson antworten: »Die Revolution ist die Maske des Todes.« Während für den Schwarzen der Tod nur *eine* Maske, *ein* Gesicht des Aufstandes ist, ist die Revolution für den weißen Intellektuellen selber nur eine von vielen Masken des Todes, die dem Melancholiker zur Verfügung stehen. Im Manuskript war hier auf ein Grundmotiv der Auseinandersetzung der weißen Intellektuellen mit der schwarzen Revolution angespielt: den grundlegenden Unterschieden der spontanen Wünsche [...].

Die Szene schließt mit dem Sprechtext, der wie ein Gewebemuster das doppelte Grundmotiv des Stückes wiederholt: DIE REVOLUTION IST DIE MASKE DES TODES DER TOD IST DIE MASKE DER REVOLUTION. Der Text läuft aus in die folgende Szene, den dritten Akt, die Achse des Stücks, die surreale Spiele zwischen den drei Protagonisten vorführt. Die Stimme einer »ErsteLiebe« empfängt den kleinen Sieger aus Paris, Victor Debuisson, als das ungezogene Kind, das Revolution gespielt hat und nun reumütig in den Schoß der ErstenLiebe (der Geliebten, der Mutter, der Familie, der Kindheit) zurückkehrt, nachdem es sich im fernen Europa bei der zweiten Liebe, der Revolution, verirrt hat. [...]

Die Stimme der Verführung und der reaktionären Rache am Klassenverräter wird vom Theater der weißen Revolution abgelöst, in dem Sasportas die Rolle Robespierres und Galloudec Danton spielt. Keiner der beiden Revolutionsspieler kann beanspruchen, die Revolution zu repräsentieren, zu sehr sind beide Opfer ihrer Leidenschaften und Laster. Ein Szenenwechsel bereitet dem Schauspiel ein Ende: Der Zuschauer Debuisson wird vom Thron gezerrt, Sasportas inthronisiert und gekrönt – jedoch nicht zum Zuschauer, sondern zum Agenten der Szene. [...]

In Sasportas spricht die Stimme der Dritten Welt – sie beendet das Theater der weißen Revolution und tötet seine Protagonisten. Ein neues Theater, eine neue Wirklichkeit steht noch aus.

Die nächste Szene (Akt 5) ist ein einziger Sprechtext ohne Rollenangabe (sie erinnert als eigenständiger Prosatext an Kafkas Parabeln, etwa ›Eine alltägliche Verwirrung‹ und ›Eine Kaiserliche Botschaft‹). Eine neue Stimme (die des Autors, des Intellektuellen, Weißen, Mannes) spricht – vielleicht die Stimme des ›toten‹ Debuisson – heute. Sprach Sasportas für die Masse der »Neger aller Rassen«, so ertönt jetzt die Stimme des (weißen) Individuums, traumwandelnd durch das Auf und Ab der sozialen Hierarchie und die endlose Weite der Fremde und der Zukunft. Es spricht ein Ich, das zunächst in einem Fahrstuhl einen imaginären Chef (»Nummer Eins« – Schlüssel für Stalin in A. Koestlers ›Sonnenfinsternis‹ als auch für Honecker, in dem Dezember 1978 im ›Spiegel‹ veröffentlichten ominösen Manifest eines oppositionellen Bundes Demokratischer Kommunisten in der DDR) zu erreichen sucht, weil es einen Auftrag zu empfangen hofft. Doch weder funktioniert der Fahrstuhl wie erwartet, noch die Zeit – das Ich kann den Chef nicht erreichen. So verläßt es den Fahrstuhl, wechselt in surrealem, traumhaftem plötzlichem Szenenwechsel aus der Vertikalen in die Horizontale einer Landschaft und – befindet sich auf einer Dorfstraße in Peru, wo es als Weißer die Feindseligkeiten der Einwoh-

ner fürchtet. Das Ich formuliert die Einsicht in die Vergeblichkeit, weiterhin einem Auftrag nachzugrübeln: Es gibt keinen mehr. So kann es heiter seinen Weg zu Ende gehen, die Widrigkeiten und Drohungen können ihm nichts mehr
5 anhaben, es fühlt sich begehrt von der Frau – auch wenn es sie nicht mehr besitzen kann. Kindern, die mit einer »Kreuzung aus Dampfmaschine und Lokomotive« auf einem »grasüberwachsenen Bahndamm auf einem abgebrochenen Gleis« basteln, verleiten das Ich nicht zur
10 Belehrung, zur Hilfestellung. Mit diesen zerbrochenen Symbolen eines industriellen Fortschritts wird nur noch gespielt. [. . .]
Der melancholische Europäer verfällt der Todessehnsucht, das romantische Motiv des Doppelgängers geht in die
15 Formel ein: Der Tod, Maske der Revolution, wird überleben – oder die Maske des Todes: die Revolution. Die Bestimmung des Europäers ohne Auftrag bleibt eine kraft- und sinnlose Flanerie durch die exotische Landschaft, die Abdankung des weißen Herrschers.
20 Das Fehlen eines Auftrags funktioniert wie ein photographischer Entwickler für das Bewußtsein Debuissons/ der weißen Intelligenz/ des »Europäers«: Es ersehnt Herrschaft und Genuß oder wünscht sich herauszuhalten.
Im fünften Akt empfängt Debuisson die Nachricht, daß
25 General Bonaparte in Paris das Direktorium aufgelöst hat.
[. . .]
Debuisson entläßt seine Mitstreiter aus dem gemeinsamen Auftrag. Aber während für ihn Bonaparte der Name für die eigene Müdigkeit an der Revolution wird, die er nicht
30 braucht, spricht sich Sasportas von einem Auftraggeber frei: »Solange es Herren und Sklaven gibt, sind wir aus unserm Auftrag nicht entlassen.« Er sagt sich von der weißen Revolution los, um die eigene zu machen – eine Autonomie ist erreicht, die das Ausmaß ihrer Notwendig-
35 keit noch gar nicht weiß. Debuisson beginnt zu lachen, als Sasportas prophezeit, der Befreier von Haiti werde in den Geschichtsbüchern stehen, nicht aber Napoleon Bonaparte – lacht, als sei die Größe des Generals für alle Geschichtszeit gültig. [. . .]

Debuisson formuliert den radikalen Zweifel, die Unfähigkeit, zu glauben, und damit den Verrat an der gemeinsamen Sache, als er die Geschichte nicht mehr auf seiner Seite sieht. Als Sasportas ihm vorhält, daß er als Arzt einst im Dienst der Sache einen gefolterten Genossen getötet hat, der ihn um den Tod bat aus Angst, unter der nächsten Folter zum Verräter zu werden, distanziert sich Debuisson nun von dieser Tat: »Vielleicht habe ich nur meine Hände gewaschen, Sasportas, als ich sie in Blut getaucht habe für unsere Sache, die Poesie war immer schon die Sprache der Vergeblichkeit.« Debuissons Melancholie korrespondiert der Erfahrung, die das Ich des Monologs formuliert hat – daß es keinen Auftrag gibt. Debuisson unterwirft sich dem Wunsch, auf der Seite, wo über die Ohnmacht gelacht wird, zu sitzen, Ja zum Leben, wie es ist, zu sagen, die Verantwortungslosigkeit als Befreiung zu leben. So werden ihm seine ehemaligen Mitstreiter zum Gegenstand des Ekels. [...]

Während für Debuisson (den Intellektuellen, den Weißen) die Revolution nur die Maske seines Ekels an der Welt, seiner Todessehnsucht und Trauer war, ist sie für Sasportas (den Sklaven der Dritten Welt, den Farbigen) die Auferstehung. Er nimmt Abschied von dem Verräter, indem er mit seinem Messer in seine eigene Hand ein Kreuz schneidet, dessen blutiges Zeichen er Debuisson auf die Stirn preßt. [...]

Galloudec, der weiße Bauer, solidarisiert sich mit dem Schwarzen, hält aufrecht, was Debuisson verloren hat: die Ehre des weißen Revolutionärs. Debuisson wird seinem Verrat überlassen. Wie einst der gefolterte Genosse, dem er half, bittet er nun um den Tod, um dem Verrat zu entgehen, aber die beiden wenden sich ab, versagen ihm den Dienst. Die Erzählung vom Triumph des Verrats über Debuisson schließt das Stück.

Müller hat Figuren und Motive seines Stückes der Erzählung von Anna Seghers entnommen, die ihm vielleicht schon 1958 bekannt war, als er das Gedicht ›Motiv bei A. S.‹ schrieb, in das die Motive ebenfalls eingegangen sind. Während Seghers' Erzählung ihre Stärke in der psychologischen Motivierung der Figuren und der Gestaltung der Atmosphäre hat, kommt es Müller auf einen Extrakt der Geschichte an, die sich polemisch zu Psychologie und Atmosphäre verhält. Seghers geht es um eine existentialistische Moral des revolutionären Weitermachens selbst in Zeiten der Niederlage, des Zweifels, der Verzweiflung. Sasportas ist hier ein weißer spanischer Jude, der Held der Geschichte. Das Licht auf dem Galgen, an dem er zum Schluß den Tod findet, symbolisiert die zukünftige Auferstehung. Ganz anders betont dagegen Müller das Desinteresse der ›Nachwelt‹ an den Revolutionären. Helden gibt es bei Müller nicht, dafür rückt Debuisson, der weiße Erbe, ins Zentrum seiner Problemstellung: Er wird zum Anführer und Verräter zugleich, zum ›Gegenspieler‹ Sasportas', dessen Heldentum bei Müller ›körperlich‹, ›materialistisch‹ motiviert wird. Aus dem Anwalt der Schwarzen wird bei Müller ein Farbiger, der um seine nackten Lebensinteressen kämpft.

Statt revolutionärer Hoffnung in einem ›Dennoch‹ gegen alle Niederlagen bietet Müllers Text den kathartischen Versuch, das gegenwärtige Bewußtsein von der nachhaltigen Stagnation einer nach ›weißem‹ Muster funktionierenden Revolution zu bearbeiten. Er zeigt zudem die Problematik eines Auftrags zum Haß, der nicht gelingen kann, gegenüber dem ›natürlichen‹ Haß der ›Verdammten dieser Erde‹ (Frantz Fanon). [...]

Genia Schulz: Heiner Müller, s. o., S. 159–165. Ausschnitte.

III. Aufführungen

1. Georg Hensel: [Kritik der Uraufführung von ›Germania‹ am 20. 4. 1978 in München]

[...] Mehr als dreißig Schauspieler präsentieren die achtzig, zum Teil winzigen Rollen konturenscharf. Sie beherrschen die Technik der Überrumpelung: Bevor man noch gedacht, hat man schon gelacht. Doch Müller will mehr als Kraft durch Freude über Stalin und Hitler. Zwischendurch denken soll man schon. [...]

Beim Nachdenken über den traurigen Befund des ewig währenden Bruderkriegs kann es jedoch nicht bleiben. Nicht nur zu diesem Zweck kombiniert Heiner Müller zwei aufeinander bezogene historische Kurzszenen: Die erste Szene zeigt jeweils einen höchst beklagenswerten Zustand aus der Vergangenheit; die zweite beschränkt sich nicht nur auf die Fortsetzung des Bruderkriegs, sie zeigt auch, wie rühmenswert weit man es danach in der DDR gebracht habe. [...]

›Die Brüder 2‹ setzt ›Die Nacht der langen Messer‹ aus Heiner Müllers Stück ›Die Schlacht‹ fort. Die ungleichen Brüder – der eine ein SA-Mann, der im Gestapo-Keller unter der Folter zum Verräter geworden ist; der andere ein Kommunist – begegnen einander nun im Gefängnis am Tage des Aufstands vom 17. Juni 1953. Eingeliefert wird der Kommunist; in der Zelle sitzt schon sein Bruder, der ›Nazi‹, mit dem staatsfeindlichen ›Brückensprenger‹ und mit ›Gandhi‹, einem Mörder. Als der Aufstand niedergeschlagen ist, freut sich der Kommunist über die Internationale, »gesungen von den Panzerketten«. Die drei stürzen sich auf ihn, um wenigstens diesen einen Kommunisten zu töten. Heiner Müller feiert hier die russischen Panzer und denunziert die Aufständischen als Mörder.

Was er vom 17. Juni hält, das hat er schon in der Szene ›Das Arbeiterdenkmal‹ gezeigt. Wer da bei ihm dem

Streikaufruf folgt, der ist ehemaliger Nazi, Militarist oder
ein vom RIAS aufgehetzter Reaktionär. [...]
Heiner Müller feiert die Gründung der DDR und den
Helden der Arbeit in der Stalinallee. Er hat die linientreue
5 Parteiansicht vom 17. Juni dramatisiert: die SED-Legende
fürs DDR-Lesebuch. Er hält die Bundesrepublik für eine
Ausgeburt des Faschismus. Er feiert die Hoffnung auf rote
Fahnen im Ruhrgebiet. Er beschwichtigt jegliche Kritik an
der sozialistischen Praxis in der DDR mit relativierenden
10 szenischen Hinweisen auf schlimme Zeiten in der Vergangenheit. Wer mit Müllers Augen die Zustände »vorher«
gesehen hat, der muß den Zustand »nachher« in der DDR
grundsätzlich rühmen.
Wenn Heiner Müllers Legenden in der DDR auch so wenig
15 geliebt werden, daß ihre Uraufführung in der Bundesrepublik stattfindet, so sind sie doch für die DDR geschrieben.
Sie sind Waffen für den ewigen Bruderkrieg, den Heiner
Müller mit seinem Stück ›Germania Tod in Berlin‹ zu
bekämpfen vorgibt. [...]

20 *Frankfurter Allgemeine Zeitung vom 22. 4. 1978. Ausschnitte.*

2. Peter v. Becker:
[Kritik der Uraufführung von ›Germania‹]

(22./23. 4. 1978)
[...] Darf man denn das, soll man sich so was vormachen
25 (lassen)?
Die Szene heißt ›Die Heilige Familie‹ (der Stücktext ist zu
lesen im Band 176 des Berliner Rotbuch Verlags). Auf der
Münchner Bühne steht da inmitten eine Holzbude – wie ein
Komödienstadl und mit Sticktüchlein an der Wand (»Trau-
30 tes Heim ...«). Das ist der Berlin-Obersalzberger Führerbunker; zur Linken wird die Bühne begrenzt von Mauer-
brüchen und Ruinensäulen hinter *konservierender* Plastik-
folie; davor an der Rampe ein Führerbild und in der Nähe
ein Sarg, aus dem der Schauspieler Lambert Hamel im
35 Schlafanzug steigen wird: ein komisches Gespenst, das

104

Adolf Hitler heißt. Dieser mit Maske leicht Verhitlerte hört lachend seine eigene Todesmeldung vom Plattenspieler (wohl Originalton Großdeutscher Rundfunk), eine SS-Mieze (Daphne Wagner), nackt unter schwarzem Leder, was weniger grotesk als albern wirkt, führt den Herrn 5 Goebbels ein, und der ist schwanger. Den Vater und Mörder (nicht nur) seiner fünf deutschen Kinder spielt Manfred Zapatka als sanften Schmieren-Joseph, der dem Teppichbeißer die Pantoffeln leckt, mit dem Grövaz (größter Vegetarier aller Zeiten) Menschenfleisch frühstückt 10 und in die Wehen kommt.

Jetzt Auftritt einer allegorischen Hebamme namens ›Germania‹ – eine grell geschminkte Vettel, dunkle Reizwäsche unterm Berufskittel. Claus Eberth agiert da als androgyne Tunte, ein armeegraugrüner VW-Käfer fährt auf, Goeb- 15 bels alias Mutter Deutschland mit dem fruchtbraunen Schoß macht die Beine breit auf dem Volkswagenbug, dann öffnet sich der Kofferraum, die Höhlung rot vulvarisiert und darin ›Germanias Baby‹ in diesem Totentanz der deutschen Vampire, überspringend von den Nibelun- 20 gen bis zum hutzeligen Fridericus Rex, den historisch fragwürdig, aber theatralisch greulich schön geschminkt der alte Werner-Herzog-Schauspieler Clemens Scheitz verkörpert.

Hitlergermaniens Kind, auf der Bühne erstgeboren am 25 20. April, ist ein grauer Werwolf, hier genannt ein ›Contergan-Wolf‹. Und darauf einen Defiliermarsch wie für die Mainzer Karnevalgarde, Einzug deutsch-bayerischer Trachtler und Zopfmaiden, denen der Hitlergruß nicht aus den Gliedern will, auch wenn die ›drei Heiligen‹ der 30 Familie (Lisi Mangold, Jennifer Minetti, Franziska Walser) als uniformierte Vertreter der Westalliierten hinterherstolzieren, um unter vorgehaltenen Pistolen eine unheilige Allianz zu begründen: Wie Papageien plappern die deutschen Männer und Frauen auf einmal Umerziehungsphra- 35 sen, derweil statt Persil eine Kiste ›Sunil‹ übers lammfromme Wolfskindlein in der Krippen geschüttet ward – und Lambert Hamels Hitler die Rampe lang einen furiosen Steptanz vors Parkett legt. *That* life is a cabaret?

So wird man fragen. Doch diese Bilder einer schaurig-
komischen Schlachthauspostille sind anders als nur frivol.
Nicht bloß caligarihafte Makabritäten und keine Ästheti-
sierung des Schreckens. Sicher eine Historienhorror-
5 Revue, aber hierbei ein dem Syberbergschen Hitler-Film
vermutlich nicht ganz unverwandter Versuch, dem Entsetz-
lichen jenseits aller rationalen Vorstellungskraft zu begegnen durch eine im Lachen noch Scham und Nachdenklich-
keit evozierende Kunst-Heiterkeit. Im Sinne Adornos
10 vielleicht, und Adorno wird, aus den ›Minima Moralia‹,
einleuchtend im ausgezeichneten Programmheft zitiert.
Hitler also nicht als Superstar, sondern (auch) als gespen-
stisch lächerlicher Trivialmythos und, unter der brillanten
Choreographie von Sigrid Herzog, der Schwester des
15 Filmregisseurs, die letzten Tage der Reichskanzlei als
Schmierentragödie. [...]

Süddeutsche Zeitung vom 22./23. 4. 1978. Ausschnitt.

3. Benjamin Henrichs: [Kritik der Inszenierung ›Der Auftrag‹ durch Heiner Müller am Bochumer Schauspielhaus im Februar 1982]

Auf der Bühne ist Winter, dichter Schnee fällt vom
Theaterhimmel. Durch den Flockennebel bewegt sich, von
links nach rechts, von rechts nach links schwingend, ein
25 riesiger geisterhafter Flugapparat: ein schwarzer Konzert-
flügel der Firma Steinway & Sons, aufgehängt an einer
mächtigen Stange, wie das Perpendikel einer unsichtbaren
Uhr. Der Flügel ist zum Flügel geworden: ein surrealisti-
scher Scherz. Die Uhr ist zum Klavier, die Zeit ist Musik
30 geworden: ein schönes Rätselbild.
Auf drei Stühlen an der Rampe sitzen drei Männer, die
Rücken den Zuschauern zugewandt. Auf der Bühne ragen,
von schwarzen Tüchern bedeckt, drei langsam zuschnei-
ende Hügel empor. Die drei Männer stehen von ihren

Stühlen auf, unter den Schneehügeln kommen drei neue bizarre Figuren zum Vorschein: Frauen in blutroten Ballettröckchen, auf Holzstühlen sitzend, sich im Spiegel betrachtend. Aufgetakelte, abgetakelte Huren. Aber auch Allegorien: Auf die nackten Rücken hat man ihre Namen geschrieben, sie heißen: ›Liberté‹, ›Egalité‹, ›Fraternité‹.

Das Schlußtableau: Ein Brett bricht aus der Bühne, fährt in die Höhe, wird zu einer steilen Rampe (hinauf in den Himmel? – hinaus aus dem Theater?). Einer der drei Männer kriecht auf den Knien die Schräge aufwärts, rutscht zurück, kriecht aufwärts, rutscht zurück. Ein zweiter Mann schleppt die roten Frauen von der inzwischen schlammnassen Bühne, auch das ist eine Sisyphos-Arbeit – denn Freiheit, Gleichheit und Brüderlichkeit rutschen auf den Knien immer wieder auf die Bühne, an ihre Plätze zurück. Inzwischen hat es zu schneien aufgehört, Laute, festliche Musik: die ersten Takte aus den ›Vier Jahreszeiten‹ von Vivaldi. Frühlings Erwachen? Wie der kriechende Mann, wie der schleppende Mann kommt auch die Musik nicht vorwärts; bleibt bei den ersten, sich endlos wiederholenden Takten stehen. [...]

Im Bochumer Schauspielhaus, auf dem Theater also, hat der Dramatiker Heiner Müller sein Schauspiel ›Der Auftrag‹, ein Theaterstück also, inszeniert – in Bildern, Räumen und Beleuchtungen von Erich Wonder. [...]

Kein Drama, sondern wie alle neueren Theatertexte Müllers der »Versuch, ein Fragment synthetisch herzustellen«. Rezitation, Liturgie, Maskenspiel, Totenfeier; dramatisches Gedicht, szenische Prosa, kaum Dialoge; Lyrik, kaum Dramaturgie. Die Fabel ist unwichtig. Die Sprache des Stücks ist sein Inhalt. Aber diese Sprache, mit Tradition und Pathos schwer beladen, von Kunstanstrengung tief gezeichnet, schleppt, unterwegs zum anderen Theater, das alte Theater mit sich. Die griechische Tragödie. Brecht, den Vater, und Shakespeare, den Übervater. Artauds Seligpreisungen des Wahnsinns und Genets barocke Blasphemien.

Eine Lehre, sagt Müller, ist von der Geschichte nicht zu haben – aber der hohe (manchmal auch hohle) Verkündi-

gungston des Lehrstücks lastet noch auf Müllers Sätzen. Müller hat den entsetzten Blick eines Kindes – und die Belesenheit eines alten Mannes. Noch seine kühnsten prophetischen Texte geraten so gelegentlich in die gefähr-
5 liche Nähe des Wortreich-Erhabenen; der Apokalyptiker Müller kämpft mit dem Epigonen.

Seit Genet ganz verstummt ist und Beckett beinahe, hat das zeitgenössische Theater keinen größeren Dichter als Heiner Müller – doch das andere Theater, von dem der
10 Dichter träumt, wird den Dichter nicht mehr brauchen. Ein Untergang, dem Heiner Müller wie jedem Untergang nicht ohne grimmige Befriedigung zusehen dürfte.

Heiner Müller inszeniert Heiner Müller: Es ist das Gegenteil einer Modellinszenierung. Keine Anweisung, wie man
15 das Stück aufzuführen habe, sondern die stolze Behauptung, daß es unaufführbar ist. [...]

DIE ZEIT vom 19. 2. 1982, S. 46. Ausschnitte.

Zeittafel zu Leben und Werk[1]

1929 Geboren in Eppendorf (Sachsen).

1939–1945 Besuch der Oberschule. Einlieferung des Vaters ins KZ. Reichsarbeitsdienst. Volkssturm (16jährig).

nach 1945 Abitur. Arbeit in einer Bücherei. Journalistische Tätigkeit.

1955 Wissenschaftlicher Mitarbeiter beim Schriftstellerverband der DDR, danach Redakteur der Zeitschrift ›Junge Kunst‹.

1956 ›Der Lohndrücker‹ (Uraufführung[2] 1958 in Leipzig) unter Mitarbeit seiner Frau Inge Müller. Die ersten beiden Szenen des späteren Stückes ›Germania Tod in Berlin‹ entstehen.

1957 ›Die Korrektur‹, wieder in Zusammenarbeit mit seiner Frau.

1958 Mitarbeiter am Maxim-Gorki-Theater, Berlin. Das Gedicht ›Motiv bei A. S.‹ formuliert hier bereits die spätere Idee des Stückes ›Der Auftrag‹. ›Die Korrektur‹ wird nach einer Probeaufführung kritisiert, von Müller werden die Konflikte abmildernd überarbeitet und das Stück dann in Leipzig uraufgeführt.

1959 Heinrich-Mann-Preis in der DDR für den ›Lohndrücker‹.

1961 Das später so genannte Stück ›Die Bauern‹ entsteht und wird nach der Premiere vom Spielplan abgesetzt. Müller wird in der Folge aus dem Schriftstellerverband ausgeschlossen. Ihre Uraufführung erleben ›Die Bauern‹ schließlich 1976 an der Volksbühne, Berlin-Ost.

1963/1964 ›Der Bau‹, nach Motiven aus dem Roman ›Die Spur der Steine‹ des DDR-Schriftstellers Erik Neutsch. Eine Aufführung kommt nicht zustande. Die Uraufführung findet erst 1980 (!) an der Volksbühne, Berlin-Ost, statt.

1965 Müller und andere DDR-Autoren werden auf dem 11. Plenum des ZK der SED heftig angegriffen.

1966 ›Philoktet‹ (UA 1968 München), ›Herakles 5‹ (UA 1974 München), ›Ödipus Tyrann‹ (UA 1967 Berlin-Ost). Freitod von Müllers Frau.

---

(1) Vgl. die Chronologie in: Georg Wieghaus: Heiner Müller. München 1981, S. 126ff.
(2) Im folgenden: UA.

1968 ›Prometheus‹ (UA 1969 Zürich), ›Der Horatier‹ (UA 1973 Berlin-West). Die Stücke entstehen in Auseinandersetzung mit Themen und Motiven der jeweiligen klassischen griechischen oder römischen Vorbilder.

1970 Dramaturg am ›Berliner Ensemble‹ (bis 1976). ›Mauser‹ (UA 1975 Austin, USA), Müllers Kritik des Brechtschen Lehrstücks ›Die Maßnahme‹, wird geschrieben.

1971 Die ersten Entwürfe von ›Germania Tod in Berlin‹ (UA 1978 München) werden wiederaufgenommen und das Stück beendet. Müller bearbeitet Shakespeares ›Macbeth‹ (UA 1972 Brandenburg). Der DDR-Kritiker Wolfgang Harich wirft ihm modische Gewaltverherrlichung und Geschichtspessimismus vor.

1972 ›Zement‹ (UA 1973 Berlin-Ost) nach Fjodor Gladkows gleichnamigem Roman.

1974 ›Die Schlacht‹, ›Traktor‹ (beide UA 1975 Berlin-Ost).

1975 Erste Amerikareise.

1976 Dramaturg an der Berliner Volksbühne. ›Leben Gundlings Prinz Friedrich von Preußen Lessings Schlaf Traum Schrei‹ (UA 1979 Frankfurt am Main).

1977 ›Die Hamletmaschine‹ (UA 1979 Saint-Denis, Frankreich).

1978 Zweite Amerikareise.

1979 ›Der Auftrag‹, nach Motiven aus Anna Seghers' Erzählung ›Das Licht auf dem Galgen‹; UA 1980 Berlin-Ost. Dramatikerpreis der Stadt Mülheim für das ›Germania‹-Stück.

1980 Müller schreibt nach Laclos das Drama ›Quartett‹ (UA 1982 Bochum).

1981 ›Herzstück‹ (UA 1981 Bochum).

1982 ›Verkommenes Ufer Medeamaterial Landschaft mit Argonauten‹ (UA 1983 Bochum).

1983 Im Rahmen des ›Holland Festival‹ in Den Haag/NL Aufführung von zehn Stücken Heiner Müllers durch Bühnen aus Ost und West.

1984 ›Bildbeschreibung‹ (UA Graz 1985) und ›Wolokolamsker Chaussee 1‹ (UA 1985 Bochum).

1985 Georg-Büchner-Preis.

1992 ›Krieg ohne Schlacht. Leben in zwei Diktaturen‹ (Autobiographie).

1995 Gestorben in Berlin.

Literaturhinweise

Fast alle Stücke Müllers, aber auch seine Prosaarbeiten und Gedichte sind in einer preiswerten, sechs Bände umfassenden Ausgabe des Rotbuch-Verlages erschienen:

Geschichten aus der Produktion 1	Rotbuch 108
Geschichten aus der Produktion 2	Rotbuch 126
Die Umsiedlerin oder das Leben auf dem Lande (Die Bauern)	Rotbuch 134
Theater-Arbeit	Rotbuch 142
Germania Tod in Berlin	Rotbuch 176
Mauser	Rotbuch 184

Inzwischen liegen auch einige Gesamtdarstellungen des Werkes vor:

Genia Schulz: Heiner Müller. Stuttgart 1980 (Sammlung Metzler, Band 197)

Georg Wieghaus: Heiner Müller. München 1981 (Autorenbücher – Beck-Verlag, Band 25)

Heinz Ludwig Arnold (Hrsg): Heiner Müller. München 1982 (Text + Kritik, Band 73)

Editionen für den Literaturunterricht

Herausgeber: Dietrich Steinbach

**Werke des 20. Jahrhunderts
mit Materialienanhang**

Klett